PHILIP NUNN

SAVE THE BEST …

Philip Nunn

Save the best ...

Englischer Originaltitel:

Cohabitation and Sexual Intimacy before Marriage

Does the Bible shed light on these social developments?

Best.-Nr. 271 513
ISBN 978-3-86353-513-1
Christliche Verlagsgesellschaft

Best.-Nr. 180097
ISBN 978-3-85810-428-1
Verlag Mitternachtsruf, www.mnr.ch

1. Auflage

www.cv-dillenburg.de
Übersetzung: Frank Schönbach
Illustrationen im Innenteil: Martine Konijn-Lemkes
Satz und Umschlaggestaltung:
Christliche Verlagsgesellschaft Dillenburg
Umschlagmotiv: © Shutterstock.com/Tata_ota
Druck: CPI Moravia
Printed in Czech Republic

Save the best ...

Philip Nunn

Inhalt

Vorwort

Bitte lies zuerst dieses Vorwort: Ich habe dieses Buch geschrieben, um Menschen zu helfen, die ernsthaft nach Gottes Gedanken für die Zukunft ihrer Beziehung fragen. Nein, ich versuche nicht, eine Diskussion zu gewinnen oder dich oder jemand anderen zu verurteilen, der vielleicht mit meinen Schlussfolgerungen nicht einverstanden ist. Meine Frau Anneke und ich sind Eltern von vier Kindern im Alter zwischen 18 und 26 Jahren. Zwei unserer Töchter sind bereits verheiratet. Ich schreibe also voller Liebe und Fürsorge, wie ein Vater für meine Kinder. Bitte lies dieses Buch vor diesem Hintergrund. Ja, ich versuche den Leser zu überzeugen, dass die Ehe, und nicht das uneheliche Zusammenleben, der von Gott vorgesehene Weg ist. Und dass Gottes Plan für die Ehe ein sehr guter ist. Dass es sich lohnt, auf den Ehe-Bund zu warten und ihn dann offiziell zu schließen.

Wenn Gott uns in der Bibel seine Gedanken offenbart, tut er das nicht, um uns das Leben schwer zu machen. Der Ehe-Bund beinhaltet auch Grenzen und Verpflichtungen – aber die sind nicht dazu gedacht, uns zu einer Last zu werden. Das Wichtigste in jeder liebevollen Beziehung ist doch nicht die Vermeidung von Fehlern, sondern wir wollen uns anstrengen, dem geliebten Menschen zu gefallen.

Wenn wir uns bedingungslos geliebt fühlen und den anderen ebenso lieben, verlangen uns unsere Pflichten zwar immer noch Disziplin und Anstrengung ab – aber sie werden uns nicht zur Last (1Jo 5,3). Wenn wir uns dieser Atmosphäre aus Liebe, Gnade und Annahme erst einmal wirklich bewusst geworden sind, werden wir uns wünschen, innerhalb der von Gott gegebenen Grenzen zu bleiben, wie der Apostel Paulus schrieb: „Die Erfüllung des Gesetzes ist also die Liebe" (Röm 13,10).

Lies dieses Buch aufmerksam durch. Lies es mit Gebet. Lass den Heiligen Geist dein Verständnis der Bibel *erleuchten und dein Herz erwärmen*, damit du Gottes Weisheit und bedingungsloser Liebe für dich vertrauen kannst, und dann lass dir von ihm die *Kraft und Fähigkeit* geben, dementsprechend zu handeln.

Die soziale Akzeptanz von Zusammenleben und sexueller Intimität vor der Ehe ist wohl ein moderner Trend, aber das Konzept der Ehe ist so alt wie die Menschheit selbst. Die wichtigen Einsichten vieler anderer Menschen haben zu diesem Buch mit beigetragen. An dieser Stelle bedanke ich mich besonders bei Moniek, Liliane, Anna, Maarten, Jean, Peter, Sytse, Gerard und anderen für ihre Kommentare zu früheren Entwürfen. Ihr habt zum Entstehen dieses Buches beigetragen. Mein Dank geht auch an Malu und Vic, die sich so offen und verletzlich gemacht haben – und zugestimmt haben, dass in Abschnitt C ein Teil ihrer persönlichen Geschichte veröffentlicht werden darf. Und

Martine, danke für deine kreativen Illustrationen! Ich bin ganz begeistert von ihnen!

Philip Nunn
Eindhoven, NL
Januar 2018

EINLEITUNG

Manche Menschen werden sexuell aktiv, weil ihnen ihre Beziehung ungemein wichtig ist und sie planen, in näherer Zukunft zu heiraten. Doch wie sieht Gott das? Sie argumentieren: „Wenn wir beide uns lieben und zusammen glücklich sind, was soll daran verkehrt sein?" Eine wachsende Zahl von einsamen, älteren christlichen Paaren entscheidet sich, zusammenzuziehen, ohne zu heiraten, um Komplikationen mit der Erbschaft ihrer Kinder, finanzielle Verluste bei der Rente der einzelnen Partner oder steuerliche Nachteile zu vermeiden. In der Vergangenheit haben fast alle christlichen Gemeinden und Denominationen gelehrt und darauf bestanden, dass sexuelle Intimität *nur* innerhalb der Ehe genossen werden darf. Ist diese Auslegung der Bibel heute immer noch gültig? Sollten Eltern und Gemeindeleiter sich Sorgen machen? Ist es für Christen richtig, das Verhalten anderer zu beurteilen – speziell in diesen intimen und privaten Angelegenheiten?

Vielleicht bist du noch nicht lange Christ, du hast dein Leben an Jesus übergeben, du weißt, dass Liebe zu Jesus und Gehorsam zusammengehören (Joh 14,21), und du fragst dich jetzt, wie deine Treue zu Jesus die Beziehung zu deinem/r Partner/in beeinflusst. Vielleicht wohnt ihr schon zusammen. Vielleicht habt ihr sogar schon Kinder aus dieser Beziehung. Jetzt fragst du dich, wie der nächste Schritt aussehen sollte. Die folgenden Seiten sind auch für dich geschrieben!

Begriffsklärung

Wir werden drei Themen untersuchen, die eng miteinander zusammenhängen: *Sexuelle Intimität* – darunter verstehe ich eine gesunde sexuelle Aktivität, einschließlich Geschlechtsverkehr; *(freies) Zusammenleben* – damit meine ich, vor der Ehe in einer sexuellen Beziehung zu leben; und *Ehe* – damit bezeichne ich eine Beziehung zwischen Ehemann und Ehefrau, die von Gott gestiftet und im Allgemeinen auch von der Gesellschaft anerkannt wurde. Es ist natürlich möglich, dass ein Liebespaar vor der Ehe zusammenlebt, ohne sexuell intim zu werden – auch diese Situation werde ich ansprechen. Ebenfalls kommt es vor, dass Paare vor der Ehe sexuell intim werden, ohne dabei zusammenzuleben – dafür ist schließlich keine gemeinsame Wohnung notwendig. Du wirst sehen, dass das meiste von dem, was ich hier geschrieben habe, auch auf diese Situation anwendbar ist.

Zusammenfassung

Die Einstellungen zum Zusammenleben und zur Ehe ändern sich schnell, in der Gesellschaft genauso wie unter Christen. Beleuchtet die Bibel auch diese sozialen Entwicklungen? Ich will versuchen, dir zu zeigen, dass die Antwort darauf „Ja“ ist. Sexuelle

Intimität wird von Gott *ausschließlich* im Kontext des Ehe-Bundes zwischen einem Mann und einer Frau gesegnet. Das ist Gottes guter Plan, den er uns offenbart hat, um etwas Wichtiges und Wunderschönes zu fördern und zu schützen. Gottes Plan zu befolgen ist immer der beste Lebensentwurf, sowohl für uns persönlich und als auch für die Gesellschaft. Ein freies Zusammenleben beinhaltet sexuelle Intimität *vor* der Ehe und damit *außerhalb* der Ehe. Und alle Formen von sexueller Intimität außerhalb des Ehe-Bundes verletzen Gottes guten und liebevollen Plan für die Menschheit. Alles, was damit in Konflikt steht, ist verkehrt, falsch – die Bibel nennt es *Sünde*. Und Sünde ist niemals gut. Sie ist schlecht für dich, schlecht für deine Beziehung und schlecht für die Gesellschaft ganz allgemein. Sünde tötet immer irgendetwas (Röm 6,23). Unterordnung unter Gottes Plan dagegen führt immer zum Leben und zur positiven Entfaltung der Menschen.

Struktur

Bevor wir verschiedene Motive und Gründe näher untersuchen von Menschen, die sich entschieden haben, schon vor der Ehe wie Ehemann und Ehefrau zusammenzuleben, schlage ich vor, dass wir uns zuerst ansehen, was die Bibel über Ehe und Bündnisse aussagt. Wenn wir uns zuerst mit Gottes gutem und positivem Plan befassen, haben wir einen besseren Ausgangspunkt, um aktuelle soziale Entwicklungen zu beurteilen. Dann werden wir zum Schluss einige praktische Fragen betrachten, die du dir vielleicht selbst stellst: „Wie sieht Gott meine aktuelle Situation?“, und: „Wie soll mein nächster Schritt aussehen?“

Teil A: Ehe und Bündnisse – Eine „Schutzzone" schaffen

Viel gedankliche Vorarbeit war notwendig für die Planung und Errichtung einer „Schutzzone", in der Herz- oder Gehirn-Chirurgen ihre riskante Arbeit durchführen können. Viel gedankliche Vorarbeit war notwendig für die Planung und Errichtung von Kernkraftwerken, in deren „Schutzzone" kontrollierte nukleare Explosionen in Wärme und Elektrizität umgewandelt werden können. In ähnlicher Weise hat Gott eine „Schutzzone" geplant und uns offenbart, in der eine die Seelen verbindende und liebevolle sexuelle Intimität wachsen und blühen kann. Die Bibel bezeichnet sie als den *Ehe-Bund*.

Die Ehe als ein Bund

Der Prophet Hesekiel verwendete die Analogie der *Ehe*, um Gottes Beziehung zu Israel zu erklären: „Und ich schwor dir und *trat in einen Bund mit dir*, spricht der Herr, HERR, und du wurdest mein" (Hes 16,8). Ein Bund ist die stärkste Form eines Abkommens zwischen zwei (oder mehreren) Parteien. Bundesschlüsse sorgen für Stabilität von persönlichen Beziehungen und ganz allgemein innerhalb der Gesellschaft. In der Bibel finden wir *horizontale* Bündnisse – zwischen Einzelpersonen wie David und Jonathan (1Sam 23,18) sowie zwischen Familien und Völkern wie Abraham und Abimelech (1Mo 26,28-31). Aber es gibt auch vertikale Bundesschlüsse – zwischen Gott und einem Menschen – wie den Bund mit Noah (1Mo 6,18), zwischen Gott und einer Familie – wie den Bund mit der Familie von König David (2Chr 21,7), zwischen Gott und einem Volk – wie den Bund mit dem Volk Israel (2Mo 34,27) und den „Neuen Bund" mit den Christen (Lk 22,20). Interessanterweise besteht die „Schutzzone" des *Ehe-Bundes* aus zwei Komponenten: einer *horizontalen* – dem Bund zwischen einem Mann und einer Frau – und einer *vertikalen* – dem Bund zwischen dem Ehepaar und Gott selbst. Ehe ist eindeutig nicht nur ein „Stück Papier". Sie ist mehr als ein vorteilhaftes soziales Arrangement. Ehe ist eine sorgfältig geplante „Schutzzone", in der Ehepaare frei und vertrauensvoll sie selbst sein können, ohne Ablehnung oder eine mögliche spätere Trennung befürchten zu müssen, in der sie völlig offen und verletzlich sein können, in der sie sich ganz hingeben können.

Die horizontalen und vertikalen Komponenten eines Bundes

Als einige Israeliten überlegten, sich von ihren Frauen scheiden zu lassen, sprach Gott durch den Propheten Maleachi zu ihnen und sagte: „Weil der HERR *Zeuge* gewesen ist zwischen dir und der Frau deiner Jugend, an der du treulos gehandelt hast, wo sie doch deine Gefährtin ist und die Frau deines *Bundes*" (Mal 2,14). Gott bezeichnet sich hier als ein Zeuge. Er ist Zeuge, wenn sich ein Mann und eine Frau gegenseitig die lebenslange exklusive Treue versprechen – das ist die *horizontale* Komponente des Ehe-Bundes. Aber Gott ist mehr als nur ein Zeuge. Es ist Gott selbst, der in gewisser Weise einen Mann und seine Ehefrau *vereinigt*. In diesem besonderen Moment der Eheschließung geschieht etwas Bemerkenswertes: „... sodass sie nicht mehr zwei sind, sondern ein Fleisch. Was nun Gott *zusammengefügt* hat, soll der Mensch nicht scheiden" (Mt 19,6). Vielleicht wird der *Ehe-Bund* wegen dieser aktiven Rolle Gottes bei der Vereinigung des Ehepaares auch als *Bund Gottes* bezeichnet (Spr 2,17). Wir versprechen auch Gott, dass wir uns lieben und dem/der Partner/in, den/die er uns gegeben hat, treu sein werden – das ist die vertikale Komponente des Ehe-Bundes.

Du hast vielleicht bemerkt, dass traditionelle christliche Eheversprechen gewöhnlich sowohl die *vertikale* als auch die *horizontale* Komponente beinhalten. Das Ehepaar steht zunächst mit dem Gesicht zu demjenigen, der die Trauzeremonie durchführt. Beiden werden mehrere Fragen gestellt, wie etwa: „Willst du Katja/Daniel als deine/n rechtmäßige/n Ehefrau/Ehemann annehmen, für sie/ihn sorgen usw." Darauf antworten der Mann und die Frau: „Ja, ich will." – Das ist das Versprechen gegenüber Gott – die *vertikale* Komponente des Ehe-Bundes. Dann wendet sich das Paar einander zu, sieht sich ins Gesicht und gibt sich weitere Versprechen, etwa in dieser Form: „Ich nehme dich zu meiner Ehefrau (oder Ehemann), um dich von diesem Tag an zu haben und festzuhalten, in guten und schlechten Tagen, in Reichtum oder Armut, in Krankheit und Gesundheit, dich zu lieben und zu ehren, bis der Tod uns scheidet, nach Gottes heiligem Gesetz. Das ist mein feierliches Versprechen, so wahr Gott mir helfe." Das ist das Versprechen, das man sich gegenseitig gibt, mit Gott, Familie und Freunden als Zeugen – die *horizontale* Komponente des Ehe-Bundes. Und dann erklärt derjenige, der die Hochzeitszeremonie leitet, das glückliche Paar zu Ehemann und Ehefrau!

Eigenschaften eines Bundes – Wie ihr eure Hochzeit plant

Obwohl die Bibel viele Geschichten von Singles und verheirateten Paaren erzählt, schreibt sie nirgends vor, wie eine Hochzeit ablaufen soll. Jede Kultur und Gesellschaft ist frei darin, ihre eigenen Rituale und Zeremonien zu entwickeln. Die Tatsache, dass die Bibel die Ehe als einen *Bund* ansieht, legt allerdings einige wichtige Einzelheiten nahe. Zum Beispiel:

(a) Ein Versprechen

Ein Bund hat immer einen klaren Inhalt. Du gibst eine feierliche Erklärung ab. Du einigst dich über etwas oder versprichst etwas. Bündnispartner binden sich selbst an bestimmte Verpflichtungen.

Ein Ehe-Bund beinhaltet auch ein feierliches Versprechen, einen Schwur (Hes 16,8). Ihr vereinbart, dass ihr gegenseitige Besitzer des Körpers des/der jeweils anderen seid. Ihr versprecht, euch für den Rest eures Lebens zu lieben, füreinander zu sorgen und euch gegenseitig treu zu sein.

(b) Zeugen

Ein Bund ist normalerweise eine öffentliche Angelegenheit. Bei einem Ehe-Bund „wird ein Mann seinen Vater und seine Mutter verlassen und seiner Frau anhängen“ (1Mo 2,24), und das war schon im alten Israel keine private Angelegenheit. Zumindest der Vater und die Mutter – die Familie – waren mit einbezogen. Es gab also Zeugen. Wie schon erwähnt, ist Gott selbst einer der Zeugen bei einem Ehe-Bund (Mal 2,14).

(c) Ein Symbol

Biblische Bundesschlüsse wurden oft von Symbolen, zeichenhaften Handlungen, begleitet. Der Bund mit Noah ist verbunden mit einem Regenbogen, der Bund mit Abraham mit der Beschneidung. Der Neue Bund ist verbunden mit dem Abendmahl des Herrn – einer symbolischen Mahlzeit. Manche Ehe-Bündnisse sind mit speziellen Hochzeitsgaben verbunden. Heute verwenden wir Eheringe, Unterschriften oder andere sichtbare Zeichen, um zu zeigen, dass unsere Kultur oder Gesellschaft euch beide als Ehemann und Ehefrau anerkennt.

(d) Ein bestimmter Augenblick

Ein Bund ist gewöhnlich in eine Feier, Zeremonie oder ein Ritual eingebettet. Es gibt einen definierten Moment, in dem der Bund eingesetzt wird, ein Augenblick, in dem ein feierliches Versprechen ausgesprochen und akzeptiert wird, ein Zeitpunkt, ab dem der Bund in Kraft tritt. Niemals schlittert oder treibt man in einen Bund hinein. Das gilt auch für den Ehe-Bund. Aus dem freien Zusammenleben wird niemals einfach so eine Ehe. Genauso, wie es einen festen Moment gibt, an dem ein Kaufvertrag besiegelt wird oder eine Versicherungspolice in Kraft tritt, gibt es auch einen definierten Zeitpunkt, an dem du in einen Ehe-Bund eintrittst (Hes 16,8).

Wenn ihr plant zu heiraten, wie könntet ihr diese Elemente eines Bundesschlusses in eure Hochzeitszeremonie einbauen? Wie wir vorher festgestellt haben, schreibt uns die Bibel nirgends vor, wie eine Hochzeit auszusehen hat. Ihr seid frei, daraus eine kleine Feier oder ein großes Fest zu machen – abhängig von eurem Geschmack und eurer finanziellen Situation. Aber weil eure Ehe von Gott als Bund vorgesehen ist, wünscht ihr euch vielleicht, dass sich euer großes oder kleines Hochzeitsfest auch wie ein Bundesschluss *anfühlt*. Ihr könnt das tun, (a) indem ihr einige der Eigenschaften eines Bundes in eure Zeremonie mit einbaut –

zum Beispiel gegenseitige Versprechen, vorher bestimmte Zeugen, eine symbolische Handlung, (b) indem ihr eure Ehe deutlich als einen Bund bezeichnet, und (c) indem ihr den Begriff „Bund“ an einigen besonderen Momenten der Hochzeitsfeier einbringt, zum Beispiel beim Aussprechen eures Eheversprechens oder wenn ihr die Ringe tauscht. Seid kreativ! Seid überzeugt! Arbeitet daran, aus eurer Hochzeitsfeier ein schönes, deutliches und positives Bekenntnis zu machen.

Ehe und Sex

Manche Menschen denken fälschlicherweise, dass allein die sexuelle Vereinigung einen Mann und eine Frau schon zu Ehemann und Ehefrau macht. Weil sie sexuell aktiv sind, *fühlen* sie sich, als wären sie schon Ehemann und Ehefrau. Der Apostel Paulus schrieb, „dass, wer der Hure anhängt, ein Leib mit ihr ist“. Und um diese Feststellung zu untermauern, zitierte er aus dem 1. Buch Moses: „Denn es werden die zwei ein Fleisch sein“ (1Kor 6,16). Er will damit nicht aussagen, dass der Ehe-Bund durch den Geschlechtsverkehr gestiftet wird, sondern vielmehr, dass durch *sexuelle Aktivität zwei Seelen aneinandergebunden werden*. Und das soll ausschließlich innerhalb der Ehe geschehen. Was ein Christ mit seinem eigenen Körper und mit dem eines/r anderen macht, wird von Gott gesehen und hat große Bedeutung – sogar One-Night-Stands. Wenn man Seelen auseinanderreißt, die durch Sex miteinander verbunden sind, hinterlässt das immer eine Narbe. Das kann wehtun. Das kann sehr viel kaputt machen. Der Apostel beendet den Abschnitt mit eindringlichen Ermahnungen an alle Christen: „Flieht die Unzucht“, und: „Verherrlicht nun Gott mit eurem Leib“ (1Kor 6,18.20).

Isaak und Rebekka

Von ihrer ersten Begegnung lesen wir: „Dann führte Isaak sie in das Zelt seiner Mutter Sara; und er nahm Rebekka, und sie wurde seine Frau, und er gewann sie lieb. Und Isaak tröstete sich nach dem Tod seiner Mutter” (1Mo 24,67). Es ist wohl anzunehmen, dass sie nicht zusammen ins Zelt gingen, um dort Monopoly zu spielen! Aber wir sollten auch nicht denken, dass es allein der sexuelle Akt war, der Rebekka zu Isaaks Frau machte. Es handelt sich hier immerhin um ein gemeinschaftliches Ereignis – vor den Augen aller, die in der Nähe waren und zusahen, brachte Isaak Rebekka in „das Zelt seiner Mutter“. Das kann man nicht mit einem privaten Urlaubszelt vergleichen Hinter dieser Geschichte steht ein komplexes soziales Protokoll: Abraham schickte seinen Knecht los, um eine *Ehefrau* für seinen Sohn zu finden (24,3-4). Deren Vater war einverstanden, dass sie Isaaks Frau würde (24,51). Auch Rebekka stimmte zu, mit Isaak verheiratet zu werden (24,58). Gott war bei der Auswahl mit einbezogen (24,14). Die Familien beider Partner erlebten den Prozess bewusst mit, waren damit einverstanden und in gewisser Weise in ihre Ehe miteinbezogen (24,37.50.55.58). Wir müssen hier auch unbedingt die feste Erwartung erwähnen, dass Mädchen bis zu ihrem Hochzeitstag Jungfrauen blieben. Im Fall von Rebekka wird uns berichtet: „Das Mädchen war sehr schön von Aussehen, eine Jungfrau, und kein Mann hatte sie erkannt“ (24,16).

Erst Ehe, dann Sex

Eine deutliche Illustration, dass ein Mann und eine Frau nicht durch Sex zu einem Ehepaar werden, finden wir im Gesetz Moses. Manchmal wurden ein Mann und eine Frau nach *gesetzeswidrigem* Geschlechtsverkehr, wie einer Vergewaltigung, aufgefordert zu heiraten (5Mo 22,28-29). Diese Tatsache macht ganz deutlich, dass die beiden nicht durch den Geschlechtsverkehr zu einem verheirateten Paar geworden waren. Natürlich dürfen wir freies Zusammenleben nicht mit Vergewaltigung gleichsetzen. Ich möchte hier nur deutlich machen, dass ein Paar nicht durch Geschlechtsverkehr zum Ehepaar wird. Die Bibel macht deutlich, dass sexuelle Intimität nur innerhalb des Ehe-Bundes genossen werden soll, und sie sagt auch klar, dass Geschlechtsverkehr alleine noch keine Ehe begründet. Sex sollte der Eheschließung folgen.

Ehe und Jungfräulichkeit

Manche Leute stellen die Frage: „Wo in der Bibel verurteilt Gott das voreheliche Zusammenleben?“ Sie sehen das zeitweilige Zusammenleben als ein neues soziales Phänomen an, das eben in biblischen Zeiten unbekannt war. Daraus schließen sie, dass die Bibel nichts dazu zu sagen haben kann. Nun gibt es viele Sünden, die in der Bibel nicht explizit erwähnt werden. Die Bibel schweigt zum Thema Vergewaltigung in der Ehe. Die Bibel schweigt über die sexuelle Ausbeutung von Kindern. Um Gottes Gedanken über ein Thema zu verstehen, müssen wir weiter gehen, als nur nach einzelnen Stichworten zu suchen. Einen sehr starken Hinweis, dass freies Zusammenleben niemals Gottes Plan war, sehen wir daran, wie sehr die Bibel den Zusammenhang von Ehe und Jungfräulichkeit betont. In Israel erwartete ein Mann, dass seine ihm frisch angetraute Ehefrau Jungfrau war (5Mo 22,13.20). Mit anderen Worten, es war normal, dass Frauen ihre Jungfräulichkeit erst in der Hochzeitsnacht verloren. Bei dieser allgemeinen Erwartung musste ein freies Zusammenleben nicht besonders erwähnt und verboten werden. Diese Verbindung von Jungfräulichkeit und Ehe-Bund war keine Kleinigkeit. Um das Zusammenleben und den Geschlechtsverkehr vor der Ehe zu unterbinden, forderte das Gesetz Moses die Todesstrafe für eine Frau, die nicht mehr Jungfrau war.

Josef und Maria zum Beispiel hatten sich das Versprechen gegeben, einander zu heiraten. Während sie sich auf ihr Leben als Verheiratete vorbereiteten, verzichteten sie auf Geschlechtsverkehr. Als Josef entdeckte, dass Maria schwanger war, wusste er, dass das Kind nicht von ihm sein konnte. Nachdem er in einem Traum darüber informiert worden war, dass Marias Schwangerschaft übernatürlich war, sorgte Josef weiter für sie und wartete auf sie. „Er erkannte sie nicht, bis sie einen Sohn geboren hatte" (Mt 1,25). Dies ist ein Beispiel für Sex-freies Warten, während man sich schon die Ehe versprochen hat.

Der Zusammenhang von Ehe und Jungfräulichkeit wird auch in den Schriften des Apostels Paulus deutlich. Als er in 1. Korinther 7,25-38 Anweisungen zur Ehe gab, setzte er die „Jungfrau" mit einer „unverheirateten" Frau gleich. Mit anderen Worten, es wurde erwartet, dass eine „unverheiratete" Frau „Jungfrau" war. Mit dem Beginn der sexuellen Aktivität ging die Jungfräulichkeit verloren – wenn ein Paar in den Ehe-Bund eintrat. Sowohl im Alten als im Neuen Testament finden wir die deutliche Erwartung, dass sexuelle Intimität mit der Ehe beginnt und nicht davor.

Ehe und Unzucht

Einige Gläubige in der jungen christlichen Gemeinschaft in Korinth sahen Sex als etwas Negatives an, etwas, das man vermeiden sollte. Sie schrieben an den Apostel Paulus und fragten ihn nach seiner Ansicht zu dem Thema: Es sei „gut für einen Menschen, keine Frau zu berühren" (1Kor 7,1), was eine sexuelle Beziehung umschreibt. Der Apostel war mit dieser Aussage nicht einverstanden. Sexuelle Intimität ist etwas Gutes und Schönes. Dagegen verurteilte er *Unzucht* oder sexuelle Unmoral heftig. Die musste aufhören.

Was meint der Apostel mit Unzucht (in anderen Übersetzungen auch: Hurerei)? Er erklärt dies im folgenden Text. Die einzige Lösung, die er anbietet, um *Unzucht* oder sexuelle Unmoral zu vermeiden, ist: „Wegen der Unzucht habe jeder seine eigene *(Ehe-)Frau,* und jede habe ihren eigenen *(Ehe-) Mann".* Beachte, dass er sich hier nicht auf einen männlichen oder weiblichen Freund oder Partner bezieht, auch nicht auf eine mögliche zukünftige Ehefrau oder einen zukünftigen Ehemann. Die Art, wie der Apostel weiter argumentiert, macht sehr deutlich, dass er den Ehe-Bund im Sinn hat: „Der Mann leiste der Frau die *eheliche Pflicht,* ebenso aber auch die Frau dem Mann. Die Frau *verfügt nicht* über ihren *eigenen Leib,* sondern der Mann; ebenso aber *verfügt* auch der Mann nicht über *seinen eigenen Leib,* sondern die Frau" (1Kor 7,1-4). Erst nachdem ihr verheiratet seid, beginnen die *ehelichen Verpflichtungen.* Erst nachdem ihr verheiratet seid, *gehört* euer Körper dem anderen. Deshalb können wir daraus schließen, dass der Apostel mit Unzucht alle Formen sexueller Intimität außerhalb einer Ehe im Sinn hatte. Christen sind aufgerufen, sich der sexuellen Unmoral zu enthalten. Ja, Sex ist gut und gesund, aber heiratet zuerst, und dann genießt euch gegenseitig auch sexuell, als Miteigentümer des Körpers des/der anderen.

Sexuelle Intimität feierlich erleben

An der sexuellen Intimität ist nichts Schamvolles. Gott selbst hat diese Art des Ausdrucks der Liebe zwischen Ehemann und Ehefrau erfunden. Ich kann mir vorstellen, wie Gott lächelt, wenn er auf ein verheiratetes Paar schaut, das sexuelle Intimität genießt, und dabei denkt: „Fantastisch! So hatte ich mir das vorgestellt!“ Gott sieht den Ehe-Bund so positiv, dass er sich selbst als Ehemann beschreibt: „Denn dein Gemahl ist dein Schöpfer“, und er geht noch weiter: „Wie der Bräutigam sich an der Braut freut, so wird dein Gott sich an dir freuen“ (Jes 54,5; 62,5). Die Ehe wird erst durch diesen Eigentümerwechsel zu einer „Schutzzone“. In dem Augenblick, in dem ein Ehepaar heiratet, verändert sich das Eigentumsrecht über ihre Körper von „mein“ zu „unser“ (1Kor 7,3-5). Auch dadurch wird sexuelle Intimität innerhalb der Ehe zu einer ganz besonderen und einzigartigen Erfahrung. Sie ist es definitiv wert, darauf zu warten!

Teil B: Zusammenleben – Bewertung der sozialen Trends

Vielleicht kennst du die Geschichte von der Mutter, die ihren Sohn und seine Freundin, mit der er seit Kurzem zusammenlebte, zum Mittagessen besuchte. Der Sohn versicherte seiner Mutter immer wieder, dass er und seine Freundin nicht miteinander schlafen würden. Die Mutter hatte ihre Zweifel daran, behielt sie aber für sich. Ein paar Tage später bekam sie die folgende E-Mail von ihrem Sohn: „Mama, ich will dir ja nichts unterstellen, aber seit deinem Besuch können wir die Fernbedienung vom Fernseher nicht mehr finden." Sie antwortete ihm: „Junge, auch ich will dir nichts unterstellen, aber wenn deine Freundin in ihrem eigenen Bett schlafen würde, hätte sie die Fernbedienung schon längst gefunden."

Vielleicht wirkt das wie eine ziemlich alte Geschichte auf dich oder wie eine aus einer konservativen Subkultur. Warum? Weil es heute für unverheiratete Paare eher „normal" ist, dass sie zusammen in Urlaub fahren, sich ein Zelt oder ein Schlafzimmer und ein Bett teilen. Heute haben die meisten Söhne nicht mehr das Gefühl, ihren Eltern versichern zu müssen, dass sie nicht mit ihrer Freundin schlafen. Die meisten Eltern heute scheinen ein freies Zusammenleben ihrer Kinder entweder als „vernünftig", als „normal" oder, wenn überhaupt, als „nicht ideal" anzusehen – aber nur wenige würden es als „verkehrt" bezeichnen. Viele Kirchen und Gemeinden trauen Paare, die schon zusammenwohnen, ohne das Thema überhaupt anzusprechen. Die Einstellungen zum Zusammenleben und zur Ehe ändern sich rasant, auch unter Christen.

Nicht alle Paare, die schon vor der Ehe zusammenleben, tun das aus denselben Motiven. Manche haben sich ernsthaft damit auseinandergesetzt. Andere sind irgendwie in die Beziehung hineingeschlittert. Manche haben überhaupt nicht den Wunsch oder die Absicht, irgendwann einmal zu heiraten. Manche möchten nur „Spaß zusammen haben" und irgendwann wieder auseinandergehen. Ihr Ziel ist ihr eigenes Vergnügen und ihre Befriedigung. Soziale Studien legen nahe, dass der wichtigste Grund, aus dem sich Paare dafür entscheiden zusammenzuziehen, der ist, dass sie mehr Zeit mit dem geliebten Menschen verbringen wollen. Sie möchten ihre Beziehung genießen. Viele haben edle Motive und gut durchdachte Begründungen. Wir werden jetzt einige von diesen Motiven und Gründen näher betrachten und sie bewerten.

1. Wir müssen realistisch und klug sein

Argument: Eine Ehe ist eine Vereinbarung für ein ganzes Leben. Bereits vorher zusammenzuleben kann für eine solche Entscheidung hilfreich sein.

Diskussion: Wir leben in einer Kultur, die Verbindlichkeit scheut. Viele Arbeitgeber stellen nur noch befristete Arbeitsverträge aus. Die meisten von uns möchten sich am liebsten so lange wie möglich alle Optionen offenhalten. Wir ziehen es vor, selbst die Kontrolle über unser Leben zu behalten. Ein freies Zusammenleben bietet die Möglichkeit, eine Beziehung „auszuprobieren", bevor man eine formelle Verpflichtung eingeht. Es ist wie eine „Prüfung" für die Ehe. Die andere Person weiß oder weiß nicht, dass er/sie getestet wird. Es ist ein bisschen als würde man eine „Testfahrt" mit einem Auto machen, bevor man sich zum Kauf entscheidet. Wenn das Auto deine grundsätzlichen Erwartungen nicht erfüllt, wenn du Zweifel an seiner Qualität und Leistung hast, dann zögerst du nicht, es dem Händler wieder zurückzugeben, dich beim Verkäufer zu bedanken und zu gehen. Der große Unterschied ist aber, dass wir Menschen, anders als Autos, Gefühle haben. Die Analogie passt, wenn du dich selbst als Käufer siehst. Aber wenn du dich fühlst, als wärest du das Probefahrzeug, dann wirkt das Ganze unfair, ja, sogar abstoßend.

2. Wir müssen erst herausfinden, ob wir zueinander passen

Argument: Eine Ehe ist eine lebenslängliche Verpflichtung. Das Zusammenleben wird uns helfen, herauszufinden, ob wir sexuell und emotional zusammenpassen.

Diskussion: Eine Ehe ist immer ein Akt des Glaubens. Du wirst nie jemanden in- und auswendig kennen, bevor du ihn heiratest. In Wirklichkeit kennst du nicht einmal dich selbst in- und auswendig. Auch wenn ihr vier oder fünf Jahre zusammengewohnt habt, kennst du die andere Person immer noch nicht ganz. Wenn ihr im Leben neue Erfahrungen macht, werdet ihr beide, du und dein/e Partner/in, wachsen und euch verändern. Während einer Freundschaftsbeziehung vor der Ehe kannst du den grundsätzlichen Charakter eines Menschen ausreichend gut kennenlernen. Indem du die Familie und die Freunde der/des anderen triffst, indem ihr Wege findet, gemeinsam Gott und anderen Menschen zu dienen, wirst du einen großen Teil der Prioritäten, des Charakters und des Lebensstils der anderen Person entdecken.[1] Sexualwissenschaftler sagen, dass medizinisch gesehen schon sehr Gravierendes vorliegen muss, damit ein Paar sexuell nicht zusammenpasst. Wenn in diesem Bereich irgendwelche Zweifel bestehen,

1 Weitere Tipps und Hilfestellungen findest du in meinen bereits erschienenen Buch *Lieblingsmensch fürs Leben?,* CV Dillenburg, 2017.

sollte man sich am besten von einem Arzt beraten lassen – statt mit vorehelichem Sex zu experimentieren. Liebe durch Sex auszudrücken und auch die körperlichen Techniken von Sex sind beides Dinge, die gelernt werden müssen. Mit der richtigen Einstellung und in der richtigen Umgebung werden eure sexuellen Fähigkeiten und eure Befriedigung wachsen. Liebe, Gnade und eine lebenslange gegenseitige Verpflichtung schaffen die richtige Umgebung, in der ihr immer besser zueinanderpasst.

3. Wir denken, dass das Zusammenleben im Augenblick die praktischste Option ist

Argument: Wir beide studieren in derselben Stadt. Ich habe Probleme in meinem Elternhaus. Wir haben erhebliche finanzielle Schwierigkeiten. Deswegen macht es gerade jetzt Sinn, zusammenzuziehen.

Diskussion: Ja, es kann wirklich praktischer sein, zusammenzuleben, während ihr euch auf die Hochzeit vorbereitet. Ihr habt dadurch womöglich praktische und finanzielle Vorteile. Ihr spart an Fahrzeit. Ihr spart vielleicht bei der Miete, bei Wasser, Gas und Internet-Kosten. Ihr spart Geld, das ihr später gebrauchen könnt, um ein Haus zu kaufen, Schulgebühren zu bezahlen oder euer Hochzeitsfest zu finanzieren! Tatsache ist, dass es nicht immer wirtschaftlich sinnvoll ist, Jesus nachzufolgen! Gehorsam unserem himmlischen Vater gegenüber ist nicht immer angenehm. Tatsächlich war das

Leben von Jesus und seinen Aposteln alles andere als bequem, oft eher das Gegenteil. Jesus selbst hat es so ausgedrückt: „Wenn jemand mir nachkommen will, verleugne er sich selbst und nehme sein Kreuz auf täglich und folge mir nach!“ (Lk 9,23). Entscheide dich dafür, deine wichtigen Lebensentscheidungen auf biblische Prinzipien zu gründen statt auf persönliche Vorlieben oder die Frage, wie es praktischer ist.

Ein sündiger Lebensstil ist niemals die einzige Option. Es ist vielleicht schwierig herauszufinden, wie Gottes Weg für dich und deine/n Partner/in aussieht, vielleicht musst du noch in Geduld wachsen oder einen gewissen Preis dafür bezahlen, aber der Herr bereitet immer einen Weg für dich vor. Wenn du in deinem Herzen entschlossen bist, ihm gefallen zu wollen, wird er zu irgendeinem Zeitpunkt eine Tür für dich öffnen: „Gott aber ist treu, der nicht zulassen wird, dass ihr über euer Vermögen versucht werdet, sondern mit der Versuchung auch den Ausgang schaffen wird, so dass ihr sie ertragen könnt“ (1Kor 10,13). Vielleicht können Verwandte oder Freunde dir vorübergehend eine Wohnmöglichkeit zur Verfügung stellen, sodass ihr getrennt leben könnt, bis ihr verheiratet seid. Vielleicht kostet dich das mehr, fordert von dir mehr Zeit und Energie oder erscheint dir kompliziert und unpraktisch, aber du wirst in dem, was du tust, Gottes Frieden und Segen erfahren.

4. Wir haben die feste Absicht, zu heiraten

Argument: Wir sind einander fest versprochen und haben auch schon ein Datum für unsere Hochzeit. Wenn wir sowieso heiraten, kann es doch nicht verkehrt sein, schon jetzt zusammenzuziehen. Es ist so, als würde man schon ein paar der Kekse essen, die man sowieso kaufen will, während man im Supermarkt in der Schlange an der Kasse warten muss.

Diskussion: Natürlich sind gute Absichten wichtig. Aber sie sind für sich genommen noch nicht genug. Ein wichtiger Grundsatz ist: Zuerst Besitzer einer Sache werden, dann in die Vorzüge und Verantwortlichkeiten des Besitzes kommen. Deswegen bestehen Banken bei Kreditkarten auf einem unterschriebenen Vertrag, und deswegen werden Besitzurkunden erst nach erfolgter Bezahlung ausgehändigt. Dein Haus ist *nicht* von dem Zeitpunkt an versichert, ab dem du ernsthafte Absichten hast, eine Versicherung abzuschließen, sondern von dem Moment an, an dem du formell den verbindlichen Geschäftsbedingungen des Versicherungsunternehmens zustimmst.

Wenn du Christ bist, gehört auch dein Körper Gott. „Oder wisst ihr nicht, dass euer Leib ein

Tempel des Heiligen Geistes in euch ist, den ihr von Gott habt, und dass *ihr nicht euch selbst gehört?* Denn ihr seid um einen Preis erkauft worden. Verherrlicht nun Gott mit eurem *Leib!"* (1Kor 6,19-20). Du teilst dein Eigentumsrecht mit Gott und bist der einzige Verwalter deines Körpers. Was du mit deinem Körper machst, ist Gott nicht egal. Dann, wenn ein Paar heiratet, geschieht eine weitere wichtige Transaktion: Ihre beiden Körper gehören ihnen nun gemeinsam (1Kor 7,3-5). Die von Gott geplante „Schutzzone" für sexuelle Intimität wird erst von dem Moment an eine solche, in dem ihr in eine Bundes-Beziehung tretet; von dem Augenblick an, in dem der Ehe-Bund geschlossen wird; in dem Gott einen Mann und eine Frau zusammenfügt; ab dem ihr gemeinsame Eigentümer euer beider Körper werdet; ab dem ihr „nicht mehr zwei", „sondern ein Fleisch" seid (Mt 19,6) – und nicht vorher. Es ist gut, dass ihr schon ein Datum für eure Hochzeit ausgesucht habt. Aber dass ihr dieses Datum festgelegt habt, legitimiert euer Zusammenwohnen nicht. Genießt die Kekse erst nach dem Verlassen des Supermarkts!

5. Wir halten ein kurzzeitiges Zusammenleben zwar nicht für ideal, aber auch nicht für Sünde

Argument: Wir leben zusammen, weil wir uns lieben und unsere Beziehung sehr ernst nehmen. Wir haben uns beide frei dafür entschieden. Wir tun damit niemandem etwas Böses an und verletzten niemanden. Vor der Ehe schon zusammenzuleben ist nicht so gut wie die Ehe selbst, aber es sollte doch nicht als verkehrt, sündig, böse oder pervers angesehen werden.

Diskussion: Wer definiert, was richtig und was falsch ist? Christen haben schon immer geglaubt, dass Moral nicht einfach eine soziale Übereinkunft ist. Gott und seine Offenbarung bilden die Grundlage für die Moral. Wenn die Bibel lehrt, dass eine bestimmte Einstellung oder Handlungsweise verkehrt oder sündig ist, dann ist sie verkehrt und sündig, egal, was unsere Mitmenschen dazu sagen.

Die Bibel macht deutlich, dass Gottes Heiligkeit keinerlei Sünde tolerieren kann; dass jede Art der Sünde uns vom heiligen Gott trennt; und dass wir als Christen dazu aufgerufen sind, Sünde zu vermeiden und ein reines und heiliges Leben anzustreben (Jes 59,2; Röm 3,20-24; Eph 5,3).

In der Bibel entdecken wir allerdings auch, dass nicht jede Sünde gleich schwerwiegend ist. Das Gesetz, das Gott Moses gegeben hatte, umfasste Strafen verschiedener Schweregrade, weil manche Sünden als ernsthafter eingestuft wurden als andere. Für manche sehr schwere Schuld musste ein Verbrecher getötet werden. Der Herr Jesus ging bei seinen Lehraussagen auch von dieser Abstufung der Schuld oder Sünde aus. Er sagte, wenn die Bevölkerung einer Stadt die Botschaft von seinem Königreich ablehnen würde, würde ihre Strafe dafür *schwerer* sein als die von Sodom und Gomorra

(Mt 10,15). Warum? Weil ihre Schuld größer war. Je mehr wir wissen, desto schwerer wiegt jeder Akt des Ungehorsams. Eine geringere Schuld wird allerdings im Vergleich mit schlimmeren Verbrechen nicht richtiger oder eher akzeptabel. Verkehrtes bleibt verkehrt, und Sünde bleibt Sünde. Jesus lehrte, dass einer, der große Schuld auf sich geladen hat, „mit vielen Schlägen geschlagen" wird, und einer, dessen Schuld nicht so schwer wiegt, „mit wenigen geschlagen" wird (Lk 12,47-48). Beide haben etwas Falsches getan, und beide werden dafür bestraft.

Diese Abstufung von verkehrten Handlungen ergibt durchaus Sinn. Die Strafe für das Überfahren einer roten Ampel ist höher als die Strafe für Falschparken. Warum? Weil Ersteres gefährlicher ist, der Verstoß ist gravierender. Ein Mord ist ein schwereres Verbrechen als ein Diebstahl. Es ist eine schwerwiegendere Schuld, Ehebruch mit deinem Körper als nur in Gedanken zu begehen (hierbei ist keine dritte Person involviert). Mit Gewalt eine Bank auszurauben ist eine schwerere Straftat, als eine rechtmäßige Steuerzahlung zu umgehen. Aber alle einzelnen aufgezählten Taten sind falsch! In ähnlicher Weise ist einvernehmlicher Sex vor der Ehe weniger schlimm als eine Vergewaltigung. Zusammenleben mit ernsthaften Heiratsplänen ist weniger schlimm als unverbindlicher Sex mit häufig wechselnden Partnern. Doch die Tatsache, dass es eine Abstufung falscher Verhaltensweisen gibt, sollte nicht dazu führen, dass wir bestimmte

Sünden als akzeptabel ansehen. Weniger schlimme Sünden werden nicht dadurch richtig oder akzeptabel, dass man sie mit größeren Untaten vergleicht. *Sexuelle Intimität in der Ehe ist richtig, und außerhalb der Ehe ist sie falsch. Freies Zusammenleben ist deshalb nicht einfach nur „nicht ideal". Es ist falsch.*

6. Wir wollen sensibel für unsere eigene Kultur sein

Argument: Die Bibel wurde vor langer Zeit geschrieben und in einem kulturellen Umfeld, das ganz anders war als das, in dem wir heute leben. Heute gibt es bei uns keine Herren und Sklaven mehr. Die Frauen haben den gleichen Bildungsstand wie Männer und sind in unserer Gesellschaft voll akzeptiert. Sollte die christliche Gemeinde nicht aufhören, sich gegen diese natürlichen sozialen Entwicklungen zu stellen? Sollten nicht auch Christen anerkennen, dass der Lebensstil des Zusammenlebens heute ein akzeptierter Lebensstil ist?

Diskussion: Die Bibel selbst beschreibt ganz verschiedene kulturelle Umgebungen. Sie erkennt zum Beispiel an, dass Juden und Ägypter, Römer und Griechen unterschiedliche Sitten und Traditionen haben. Paulus als weit gereister Apostel sah sich die verschiedenen Kulturen aufmerksam an und war extrem flexibel (1Kor 9,20-23). Aber die Botschaft des Evangeliums blieb die gleiche. Sünde blieb Sünde, und alle Sünder brauchten einen Retter.

Die Einrichtung der Ehe ist aber keine soziale oder kulturelle Konstruktion. Gott selbst hat sie erfunden. Gott „fügt" in der Ehe immer noch einen Mann und eine Frau „zusammen" (Mt 19,6). Ehe ist nichts „Altmodisches". Hochzeits-*Zeremonien* dagegen werden sicher mit der Zeit „altmodisch" und profitieren davon, angepasst und modernisiert zu werden. Tatsächlich steht es jeder Kultur frei, ihre eigenen Zeremonien oder Protokolle zu entwickeln, mit dem sie Eheschließungen formalisiert. Die Bibel erlaubt hier eine fröhliche und kreative Verschiedenheit. Aber wenn eine Regierung oder Gesellschaft versucht, die einzigartige und dauerhafte Bindung der Ehe herabzusetzen oder deren Definition zu verändern, sind die Christen dazu aufgefordert, aufzustehen und anders zu leben. Ja, wir passen uns der Kultur an, in der wir leben, aber wir müssen konsequent den kulturellen Elementen widerstehen, die mit Gottes Offenbarung im Konflikt stehen. „Man muss Gott mehr gehorchen als Menschen" (Apg 5,29). So lange Männer und Frauen auf der Erde leben, wird der Bund der Ehe niemals veralten. Wir wollen ihn aktiv in Ehren halten. Denk daran, dass die „Schutzzone" der Ehe von Gott zu unserem Nutzen geplant wurde. Sie ist kein Spaßverderber, sondern dient dazu, unsere Freude zu verstärken und zu beschützen.

7. Wir sind sicher nicht perfekt, aber das ist schließlich niemand

Argument: Die Praxis des freien Zusammenlebens ist vielleicht nicht ideal, aber schließlich ist kein Christ vollkommen. Wir sind aber in Christus vollständig angenommen, und zwar nicht, weil wir vollkommen wären, sondern wegen des vollbrachten Werkes Jesu.

Diskussion: Es ist wahr, dass hier auf Erden nur Christus perfekt war. Der Rest von uns braucht einen Retter. Wenn wir einmal zu Jesus umgekehrt sind, einmal Buße getan und uns ihm übergeben haben, vergibt er uns *alle* Sünden, die aus unserer Vergangenheit und die zukünftigen (1Jo 1,7; Offb 1,5). Bei unserer Bekehrung bekommen wir eine neue *Stellung* als Kinder Gottes. Unsere neue Stellung beinhaltet Heiligkeit. Wir sind heilig. Gott der Vater sieht jeden wiedergeborenen Gläubigen durch Jesus hindurch, und deshalb sind wir in ihm vollständig angenommen.

Jetzt sind wir aufgerufen, aus dieser festen Stellung heraus unser christliches Leben zu beginnen. Wir sind heilig und werden nun aufgefordert, in praktischer Heiligung zu wachsen, d. h. heiliger zu werden in der Art, wie wir leben. „Denn mit einem Opfer hat er die, die geheiligt werden, für immer vollkommen gemacht“ (Hebr 10,14). Kurz gesagt: Unser liebender Vater möchte, dass wir mehr wie Jesus werden. Ja, du und ich und jeder andere Christ versagt manchmal, aber unser Verlangen danach, gottgefällig zu leben, bleibt stark und lebendig.

Bis ins hohe Alter hinein hatte der Apostel Johannes sowohl das fantastische Wachstum der frühen Gemeinde als auch viel Versagen miterlebt. Doch er hörte nicht auf, die Gläubigen zu ermahnen, die Sünde abzulehnen und weiter in der Heiligung zu wachsen: „Meine Kinder, ich schreibe euch dies, damit ihr nicht sündigt; und wenn jemand sündigt – wir haben einen Beistand bei dem Vater: Jesus Christus, den Gerechten“ (1Jo 2,1). Benutze das traurige Versagen anderer Christen nicht dazu, deinen eigenen Standard der Heiligkeit herabzusetzen. Unser Leben wird an den Erwartungen Gottes gemessen, nicht an denen anderer Menschen. Missbrauche Gottes unermessliche Gnade und deine feste Stellung in Christus nicht als Gründe dafür, Verkehrtes und Sündiges in deinem Leben zu tolerieren. Versuche aktiv, deinem Herrn zu gefallen. Lass dich nicht auf vorehelichen Sex oder freies Zusammenleben ein. Der Apostel Paulus schreibt dazu sehr deutlich: „Was sollen wir nun sagen? Sollten wir in der Sünde verharren, damit die Gnade zunehme? Auf keinen Fall! Wir, die wir der Sünde gestorben sind, wie werden wir noch in ihr leben? ... Was nun, sollen wir sündigen, weil wir nicht unter Gesetz, sondern unter Gnade sind? Auf keinen Fall!“ (Röm 6,1.2.15).

8. Wir haben den Eindruck, dass das Zusammenleben zurzeit Gottes Weg für uns ist

Argument: Wir haben gründlich über ein Zusammenleben nachgedacht und sind zu dem Ergebnis gekommen, dass es okay ist. Jetzt wohnen wir zusammen und erfahren Gottes Frieden in unserer Beziehung.

Diskussion: Wie du und ich uns bei unserem Tun *fühlen*, hängt mit unserer Erziehung zusammen, mit dem, was andere um uns herum tun, mit unserer eigenen Meinung und der Meinung unserer Mitmenschen. Unsere Gefühle sind eine Reaktion auf unser Gewissen. Wenn unser Gewissen in Einklang mit Gottes Wort ist, wird es uns die richtigen Impulse schicken (Röm 9,1; 1Kor 4,4). Es ist unsere Verantwortung, unser Gewissen mit Gottes Wort auszubilden. Wie können wir unterscheiden, ob ein Gedanke oder ein Eindruck von Gott kommt (Röm 8,16), von Satan (1Kor 7,5), oder ob er unsere eigene Erfindung ist (1Kor 2,15)? Um zwischen diesen Quellen unterscheiden zu können, müssen wir den guten Rat der Heiligen Schrift suchen: „Denn das Wort Gottes ist lebendig und wirksam und schärfer als jedes zweischneidige Schwert und durchdringend bis zur Scheidung von Seele und Geist, sowohl der Gelenke als auch des Markes, und ein Richter der Gedanken und Gesinnungen des Herzens;" (Hebr 4,12). Nur Gottes Wort kann uns bestätigen, ob ein Gedanke, Gefühl, oder Eindruck von Gott kommt oder nicht. Gottes geschriebenes Wort bestimmt, was richtig und was falsch ist.

Auch wenn sich das Zusammenleben vielleicht richtig anfühlt, auch wenn ich vielleicht denke, ich hätte eine Vision, einen Traum oder eine spezielle Botschaft von Gott empfangen, die mich darin unterstützt – das Zusammenleben mit sexueller Aktivität bleibt ein sündiger Lebensstil. Ja, ich bin mir bewusst, dass es einige sehr komplizierte Situationen gibt, in denen Gottes Gnade, Weisheit und Leitung unbedingt nötig sind. Wir werden uns einiger dieser Situationen am Ende des nächsten Abschnitts näher ansehen. Aber all das ändert nichts an dem klaren Willen Gottes für die Menschheit: zuerst Heirat, dann sexuelle Intimität. Das objektive geschriebene „Wort Gottes" ist entscheidender als unsere subjektiven Eindrücke vom „Willen Gottes".

Der Schreiber des Hebräerbriefs erinnert seine Leser daran, dass ein Tag kommen wird, an dem jeder Christ vor Gott Rechenschaft ablegen muss über sein oder ihr Leben (Hebr 4,13). Unsere Entscheidungen über unseren Lebensstil werden an einem objektiven Standard beurteilt. Die Interpretationen von Gottes Wort können variieren. Aber Gottes Wort, Gottes Offenbarung, Gottes Wahrheit bleiben unverändert: „Das Wort unseres Gottes besteht in Ewigkeit" (Jes 40,8). In Gottes Augen sind deshalb nicht alle Interpretationen gleichwertig. Manche gehen nicht weit genug, andere sind schlicht falsch. Eine Auslegung ist nur dann richtig, wenn sie mit Gottes Wahrheit übereinstimmt. Du kannst gewiss sein: Unsere Entscheidungen in Bezug auf unseren Lebensstil und das Ausleben unserer Sexualität sind Gott wichtig.

9. Wir genießen das sexuelle Vorspiel, lassen es aber nicht bis zum eigentlichen Geschlechtsakt kommen

Argument: Wir lieben uns und drücken das auf verschiedene Arten aus. Wir fühlen uns frei, unsere Körper zu berühren und zu streicheln, wir legen uns auch manchmal zusammen ins Bett, aber wir sind fest entschlossen, uns den vollständigen Geschlechtsverkehr bis zur Ehe aufzubewahren.

Diskussion: In der Bibel wird das Wort *Ehebruch* gebraucht, um die Sünde eines verheirateten Menschen zu beschreiben, der sexuelle Beziehungen zu einem anderen als dem eigenen Ehepartner pflegt. Das griechische Wort, das mit *Unzucht* oder *sexueller Unmoral* übersetzt wird, ist *porneia* – das, allgemein gesagt, alle Formen *unerlaubter* sexueller Aktivität bezeichnet. Wenn nun die einzige Form *erlaubter* sexueller Aktivität diejenige zwischen Ehemann und Ehefrau ist, dann sind alle sexuelle Aktivitäten außerhalb der Ehe, wie Ehebruch, Inzest, Homosexualität[2] und vorehelicher Sex, *unerlaubt*. Sie verletzen Gottes guten Plan für unsere Sexualität

2 Für eine intensivere Auseinandersetzung mit dieser wichtigen sozialen Entwicklung verweise ich auf mein Buch *Homosexualität*, erschienen beim Daniel-Verlag, Lychen, 2011 .

„Sex“ mit „vollzogenem Geschlechtsverkehr“ gleichzusetzen bedeutet, den breiten Rahmen und den Sinn sexueller Intimität misszuverstehen. Das sexuelle Vorspiel ist Teil des Prozesses, der zwei Seelen aneinander bindet. Sexuelle Intimität ist Gottes Idee, und sie wurde geschaffen, um innerhalb der liebevollen „Schutzzone“ einer Ehebeziehung zwischen einem Mann und einer Frau intensiv genossen zu werden. Zu diesem wunderbaren „Paket“ gehören das Vorspiel, die Freude eines Paares beim gegenseitigen Berühren und Erforschen ihrer Körper, die körperliche Erregung, der eigentliche Geschlechtsakt, der Orgasmus und die befriedigte Umarmung danach. Das alles sind Teile eines einzigen, wunderschönen Geschenks – das Ehemann und Ehefrau gemeinsam öffnen und genießen sollten, und zwar nur innerhalb der Ehe. Dieses Geschenk außerhalb der Ehe zu öffnen bedeutet sexuelle Aktivität *außerhalb* der Ehe und fällt daher in die Kategorie von *sexueller Unmoral.* „Die Ehe sei ehrbar in allem und das Ehebett unbefleckt! Denn Unzüchtige und Ehebrecher wird Gott richten“ (Hebr 13,4).

Stellt gemeinsam Schutzzäune auf

Für manche Leser stellt sich hier die Frage, was denn alles zu diesem „wunderschönen Päckchen“ gehört. Wie weit können wir vor der Ehe körperlich gehen? Ausdrückliche Listen für angemessenes und unangemessenes Tun können wir in der Bibel nicht finden. Aber das bedeutet nicht, dass es kein angemessenes und unangemessenes Verhalten gibt. In der Bibel finden wir Prinzipien, keine detaillierten Anweisungen für alle Bereiche unseres Lebens. Stell dir selbst diese Fragen: Ist es „nützlich" für mich, meine/n Partner/in, unsere Beziehung und unser Zeugnis als Christen? Lenkt uns dieses Tun von besseren Dingen ab? Wird sie zu einer „Sucht" – beherrscht sie mich (1Kor 6,12)?

Wenn es um angemessenes Verhalten als Mann und Frau geht, schlage ich euch vor, dass ihr den Rat reifer christlicher Ehepaare in eurer Gemeinde sucht, die ein glückliches und gesundes Familienleben führen. Vor Kurzem hat mir eine Jugend-Mitarbeiterin von folgenden vier Tipps erzählt, die sie normalerweise in solchen Situationen gibt: „Berühre kein Körperteil deines Freundes/deiner Freundin, das du nicht auch selbst besitzt. Lasst eure Kleidung an. Legt euch nicht zusammen aufs Bett. Wenn ihr allein in einem Raum seid, lasst immer die Tür offen."

Zu diesen Punkten möchtet ihr vielleicht noch eure eigenen „Schutzzäune" hinzufügen. Ihr stellt diese Zäune auf, damit sie euch helfen, eine gesunde, gottgefällige Beziehung zu führen. Ein guter Autofahrer ist nicht einer, der so nah wie möglich am Abgrund einer Schlucht entlang fährt ohne abzustürzen, sondern einer, der vorausschauend fährt und keine unnötigen Risiken eingeht. Seid als

Paar vorsichtig. Weckt diese mächtigen sexuellen Instinkte in euch nicht auf, bevor ihr eine „Schutzzone“ geschaffen habt, in der ihr sie ausdrücken könnt (Hl 2,7; 3,5). Legt gemeinsam eure Grenzen fest und helft euch gegenseitig, innerhalb dieser Grenzen zu leben.

10. Wir leben zusammen, haben aber keinen Sex

Argument: Zusammenleben wird dadurch zur Sünde, wenn sexuelle Intimität außerhalb der Ehe dazukommt. Unsere Situation ist anders. Wir planen, bald zu heiraten, und in der Zwischenzeit leben wir als Einzelpersonen zusammen, ohne Sex zu haben.

Diskussion: Es ist für ein Paar, das einander innig liebt, möglich, zusammenzuleben, *ohne* sexuell intim zu werden. Sie wohnen wie Freunde in einer nicht-sexuellen Beziehung, wie Bruder und Schwester. Weil ich keine Bibelstelle finden kann, die eine solche Situation explizit verbietet, schließe ich daraus, dass diese Art von Zusammenleben *nicht* unter die Kategorie von Sünde fällt. Es geht dabei nicht um sexuelle Unmoral. Und trotzdem würde ich euch davon abraten, so zu leben. Denkt einmal über folgende Argumentation nach:

Wir wissen, dass das Christenleben viel mehr umfasst als das Vermeiden von verbotenen Dingen. Natürlich respektieren wir biblische Verbote, aber unsere Ausrichtung und unser Antrieb sollten grundsätzlich *positiv* sein. Weil wir Gott lieben, möchten wir herausfinden, „was dem Herrn wohlgefällig ist" (Eph 5,10), und es dann auch tun. Ich denke, dass der Apostel Paulus das im Sinn hatte, als er schrieb: „Alles ist erlaubt, aber nicht alles ist nützlich; alles ist erlaubt, aber nicht alles erbaut (ist konstruktiv)" (1Kor 10,23). Es mag einem christlichen Paar, das sich sehr liebt und sich sexuell stark zueinander hingezogen fühlt, vielleicht „erlaubt" sein, zusammenzuwohnen, ohne Sex miteinander zu haben. Aber ist es für Gott und seine Interessen auch „nützlich"? Ist es „konstruktiv" – trägt es positiv zum Reich Gottes bei? Als Christen repräsentieren wir Christus und seine Interessen auf der Erde. Unsere Entscheidungen in Bezug auf unseren Lebensstil sind deshalb wichtig. Ich möchte behaupten, dass ein solches Arrangement unklug, ungesund und gefährlich sein kann:

Unklug

Es ist unklug, weil ihr damit eine falsche Botschaft an die Welt um euch herum sendet. Wenn Freunde und Nachbarn, die wissen, dass ihr Christen seid, miterleben, dass ihr *erst* zusammenzieht, *nachdem* ihr verheiratet seid, ehrt ihr damit den Wert der Ehe, haltet ihn hoch und bekräftigt ihn. „Die Ehe sei ehrbar in allem" (Hebr 13,4). Ihr sendet damit eine positive Botschaft vom Reich Gottes an jeden, der aufmerksam genug ist, sie wahrzunehmen. Natürlich ist eure Beziehung zu Gott etwas Persönliches, aber unser Lebensstil ist öffentlich.

Wir sollen Licht und Salz in dieser Welt sein, positiv anders.

Ungesund

Es ist ungesund, weil ihr euer gutes, starkes und natürliches sexuelles Verlangen unterdrücken müsst, während ihr in einer Beziehung vom „Bruder-Schwester"-Typ zusammenlebt statt als „Ehemann und Ehefrau". Ich habe von Sexualwissenschaftlern gehört, dass solch ein „künstlicher" Lebensstil ungesunde sexuelle Verhaltensmuster hervorbringen kann, die eine Beziehung nach der Heirat unter Umständen negativ beeinflussen – wovon besonders Frauen betroffen sind. Aber ich möchte von so einem Arrangement hauptsächlich deswegen abraten, weil es gefährlich ist.

Gefährlich

Es ist gefährlich, weil ihr es euch damit leicht macht zu sündigen und damit Dinge in eure Beziehung hineinzubringen, die ihr später bedauert. In der Bibel heißt es, dass Satan aktiv versucht, uns zur Sünde zu ermuntern. Auch mit noch so guten und ehrenhaften Motivationen haben wir alle unsere schwachen Momente: „Daher, wer zu stehen meint, sehe zu, dass er nicht falle" (1Kor 10,12). Es ist deshalb weiser, vorsichtig zu sein, gefährliche Situationen zu vermeiden, Sicherungen einzubauen und eine geografische Distanz zu schaffen zwischen dir selbst und den Versuchungen, die du vermeiden möchtest.

Wenn ihr in den Bund der Ehe eintretet, werdet ihr zusammen eine „neue Einheit“. Von diesem Tag an teilt ihr „alles“ miteinander. Sex ist ein Teil davon. Die Entscheidung, „alles“ (*außer* Sex) miteinander zu teilen, ist nicht nur gefährlich, sondern auch irgendwie künstlich. Warum wollt ihr euch nicht dafür entscheiden, euren Hochzeitstag als den Anfang eurer *großen* Lebensveränderung zu nutzen? Entscheidet euch dafür, einen bedeutenden Teil von diesem „Alles“ aufzubewahren, bis ihr verheiratet seid.

Eure Hochzeit ist ein großer und glücklicher Meilenstein in deinem Leben, dem Leben deines/r Partners/in und im Leben von zwei Familien. Als Christen könnt ihr euren Hochzeitstag dazu nutzen, euch öffentlich, klar und voller Überzeugung für die Institution der Ehe auszusprechen. Lebt bis zu eurem Hochzeitstag erkennbar und öffentlich getrennt. Und danach lebt eindeutig und öffentlich zusammen! Nicht, weil ein Gesetz es so verlangt, sondern weil ihr klug und weise sein wollt, weil ihr so den nach euch Kommenden ein gutes Vorbild abgeben könnt und um öffentlich und klar zu zeigen, dass ihr die Institution der Ehe unterstützt und ehrt. Wenn ihr bis zur Hochzeit getrennt lebt, sendet ihr eine positive Botschaft aus, und ihr helft mit, die Werte des Reiches Gottes zu verbreiten.

Teil C: Zeit zum Handeln – Eure eigene „Schutzzone“ schaffen

Eine gute Theologie ruft immer zum Handeln auf. Oder, wie Jakobus es ganz deutlich formuliert hat: „Seid aber Täter des Wortes und nicht allein Hörer, die sich selbst betrügen“ (Jak 1,22). Uns Menschen fällt Gehorsam schwer. Unseren Willen, unsere Meinungen und Wünsche der Herrschaft des Christus unterzuordnen kann einen echten Kampf bedeuten. Unser himmlischer Vater wünscht sich mehr als kalten, mechanischen Gehorsam. Er sucht unser Herz. Er freut sich an Kindern, die ihn lieben, ihm vertrauen und seinen Anweisungen bewusst folgen wollen.

Wenn wir wissen, dass unser himmlischer Vater immer das Beste für uns will, *entscheiden* wir uns, ihm zu gehorchen. Wenn wir akzeptieren, dass die Bibel Gottes Wort ist, *entscheiden* wir uns dafür, uns ihrer Autorität über unser Leben unterzuordnen. Natürlich sind auch menschliche Gefühle, Planungen und finanzielle Gesichtspunkte wichtig.

Aber was einen Christen letztlich zu gewissen klaren und radikalen Entscheidungen antreibt, ist seine durch Liebe motivierte Unterordnung unter Gottes offenbarten Willen. Nur mit dieser Grundhaltung können wir Gott erlauben, in unsere Situation hineinzusprechen. Wenn ich meine Gedanken schon zu Ende gedacht habe, wenn ich schon entschieden habe, was ich tun will oder nicht, dann bin ich für Gottes Stimme nicht länger offen. Ich werde dann nur Argumente und Menschen suchen, die das unterstützen, wozu ich mich bereits entschieden habe. Aber wenn unsere Einstellung stimmt, dann können wir erwarten, dass Gottes Heiliger Geist uns leitet und uns seine Perspektive deutlich macht, wenn wir Antworten auf diese beiden persönlichen Fragen suchen: „Wie sieht Gott meine augenblickliche Situation?“, und: „Was sollte mein nächster Schritt sein?“ Habt ihr euch der Herrschaft von Jesus Christus unterstellt? Habt ihr die richtige Einstellung zu Gottes Wort? Das ist der Ausgangspunkt.

Etwas Gutes verdient auch einen guten Anfang!

Wenn ihr aktuell darüber nachdenkt, zusammenzuziehen, rate ich euch dringend davon ab! Die meisten Paare, die erst zusammengelebt und später geheiratet haben, geben zu, dass die Ehe besser ist als das freie Zusammenleben – deswegen haben sie ja geheiratet. Die Ehe-Verbindung ist Gottes gutes Design, um die Langzeit-Beziehung mit dem geliebten Menschen zu fördern und zu schützen. Entscheidet euch für das Beste, was Gott geben will! Beginnt euer gemeinsames Leben mit der Hochzeit und nicht mit gelegentlichem Sex oder Zusammenleben. Es ist der Anfang einer neuen, sehr wichtigen und andauernden Phase in eurem Leben. Entscheidet euch für einen guten Start!

Eine klare Entscheidung

Wenn ihr beide euch sehr liebt und der sexuellen Anziehung kaum widerstehen könnt, dann heißt die biblische Lösung weder gelegentlicher Sex noch Zusammenwohnen. Um sexuelle Intimität ohne sexuelle Unmoral („Unzucht") genießen zu können, „habe jeder (Mann) seine eigene Frau, und jede (Frau) habe ihren eigenen Mann" (1Kor 7,2). Die Bibel stellt euch deshalb vor eine klare Entscheidung zwischen diesen zwei Möglichkeiten:

- Heiratet – „Wenn sie sich aber nicht enthalten können, so sollen sie heiraten, denn es ist besser, zu heiraten, als vor Verlangen zu brennen" (1Kor 7,9); oder
- Geht auf Distanz – „Flieht die Unzucht" (1Kor 6,18).

Ein Zusammenleben vor der Hochzeit bietet vielleicht einige praktische oder finanzielle Vorteile, aber es ist sehr viel besser, vorübergehende Nachteile in Kauf zu nehmen und zu warten, bis ihr verheiratet seid, und dann den Segen Gottes auf eurer

Beziehung zu genießen. Den Christen in Thessalonich schrieb Paulus: „Denn dies ist Gottes Wille: eure Heiligung, dass ihr euch von der Unzucht (sexuellen Unmoral) fernhaltet ... Von aller Art des Bösen haltet euch fern!“ (1Thes 4,3; 5,22). Wie bereits gesagt, ist das Zusammenleben mit eurem zukünftigen Ehepartner, selbst wenn es ohne jede Form von sexueller Intimität geschieht, sowohl unklug als auch gefährlich. „Seht nun genau zu, wie ihr wandelt, nicht als Unweise, sondern als Weise! ... Denn die Tage sind böse“ (Eph 5,15-16). Bittet den Herrn, euch Türen zu öffnen. Teilt euren Mitgläubigen in der Gemeinde eure Suche nach einer Unterkunft für einen von euch mit. Sucht aktiv nach vorübergehenden anderen Wohnmöglichkeiten.

Geduld, Enthaltsamkeit und Selbstbeherrschung

Das sind wichtige Disziplinen, die man sowohl vor als auch nach der Hochzeit braucht. Wenn ihr Geduld, Enthaltsamkeit und Selbstbeherrschung vor eurer Hochzeit entwickelt und praktiziert, werden diese Fähigkeiten euch auch nach der Hochzeit helfen, eure Beziehung zu beschützen. Wenn ihr euch entscheidet, das „besondere Geschenkpaket“ der sexuellen Intimität bis zu eurem Hochzeitstag geschlossen zu lassen, werdet ihr dadurch Gott ehren und eure zukünftige Ehe stärken.

Denkt daran, dass Hochzeiten nicht unbedingt große und teure Events sein müssen. Ein Ehe-Bund kann auch auf einfache und doch bedeutungsvolle

Weise geschlossen werden. Eheringe, ein weißes Brautkleid, ein feiner Anzug des Bräutigams mit passendem Hut, ein wunderschön dekorierter Hochzeitssaal sind vielleicht Teile eures Traums – aber nach der Bibel sind das alles nur optionale Extras. Euer Hochzeitstag ist ein ganz besonderer Tag eures Lebens. Er ist es wert, auf ihn zu warten. Bezieht mit eurer Hochzeit klar Stellung! Macht es gut! Legt einen guten Start hin!

Sex bindet zwei Seelen aneinander

Sexuelle Intimität, auch Gelegenheits-Sex mit einer Freundin/einem Freund oder mit einer Prostituierten, macht etwas mit uns. Sie erzeugt eine anhaltende Verbindung zwischen zwei Menschen (Spr 5,20-22; 1Kor 6,16). Wissenschaftler haben entdeckt, dass bei körperlichem Kontakt und Geschlechtsverkehr spezielle Hormone aus unserem Gehirn in die Blutbahn freigesetzt werden. Bei Frauen steigert die Freisetzung von *Oxytocin* die *soziale Bindung*, sowohl zu ihrem Baby, das beim Stillen ihre Brustwarzen stimuliert, als auch zu ihrem Sexualpartner. Ein ähnlich wichtiges Hormon beim Mann ist *Vasopressin*, das sein soziales Verhalten, das sexuelle Verlangen und die *Paarbindung* beeinflusst. Es ist also offensichtlich, dass Sex zwei Menschen auf bestimmte körperliche Weise aneinander bindet. Wenn die Bibel uns lehrt, dass ein Paar in der Ehe „ein Fleisch" werden soll (1Mo 2,24), dann beinhaltet das viel mehr als die wenigen Augenblicke, in denen ihre Körper beim

Geschlechtsverkehr physisch miteinander vereint sind. Ja, Sex vereint zwei Menschen körperlich miteinander.

Aber Sex bindet auch Seelen aneinander. Deswegen fordert der Apostel Paulus seine christlichen Leser so eindringlich auf: „Flieht die Unzucht (sexuelle Unmoral)! Jede Sünde, die ein Mensch begehen mag, ist außerhalb des Leibes; wer aber Unzucht treibt, sündigt gegen den eigenen Leib. Oder wisst ihr nicht, dass euer Leib ein Tempel des Heiligen Geistes in euch ist, den ihr von Gott habt, und dass ihr nicht euch selbst gehört? Denn ihr seid um einen Preis erkauft worden. Verherrlicht nun Gott mit eurem Leib!" (1 Kor 6,18-20). Vielleicht hast du schon vorehelichen Sex erlebt. Wenn du mit einem anderen Menschen sexuell intim geworden bist, dann wurde deine Seele dadurch auf ungesunde und sündige Weise an diesen gebunden. Das ist die schlechte Nachricht.

Die gute Nachricht aber ist, dass es für einen Christen, der zur Buße bereit ist, immer Hoffnung gibt. Das Blut von Jesus ist mächtig genug, uns von allen Sünden zu reinigen. Gib vor Gott ehrlich zu, dass du gesündigt hast. Bekenne dem Herrn deine sexuelle Sünde und bitte ihn, dir zu vergeben. Verpflichte dich in deinem Herzen und vor dem Herrn, dich selbst von diesem (oder diesen) Menschen zu distanzieren und bis zum Hochzeitstag ein sexuell reines Leben zu leben. Nimm dir fest vor, von jetzt an Gott mit deinem Körper zu verherrlichen.

Du könntest etwa so beten:

„Gott, mein Vater, ich sehe ein, dass ich dich beleidigt und gegen dich gesündigt habe, als ich mit Christian/Susanne sexuell intim war (bekenne hier ruhig konkret, was du getan hast). Ich tue aufrichtig Buße für diese Sünde und bitte dich, mir zu vergeben und mich davon zu reinigen. Amen."

Wenn du demnächst zu heiraten planst, aber sexuell nicht rein bist, dann empfehle ich dir, diese Sünde einzugestehen und dem Herrn zu bekennen. Vergebung von Sünde bedeutet jedoch nicht, dass deine Erinnerungen und sexuellen Wünsche in Bezug auf eine bestimmte Person automatisch verschwinden. Du musst immer achtsam bleiben, sündige Gedanken verbannen und praktische Schritte unternehmen, um gefährlichen und zur Sünde verleitenden Situationen aus dem Weg zu gehen. Bekenne und halte dich rein (1Jo 1,9).

Du wirst schon festgestellt haben, dass saubere Gegenstände besser aneinander kleben. Reinheit wird eure Eheverbindung (das „Anhängen" aneinander) stärken.

Unterscheidet das, was „klar" ist, von dem, „was geklärt werden muss"

Vielleicht seid ihr ehrlich verunsichert über euren augenblicklichen Status. Es wird euch beim Sortieren eurer Gedanken helfen, wenn ihr das, was klar ist, von dem unterscheidet, was noch zu klären ist. *Klar* ist Gottes Absicht für sexuelle Intimität, dass sie nur innerhalb der Ehe erlebt werden soll – und dass Sex außerhalb der Ehe deshalb falsch ist. Aber in manchen Situationen kann es *unklar* sein, wann ein Paar tatsächlich verheiratet ist.

Unklar

In manchen Ländern kann der eheliche Status eines Paares für die Umwelt ungeklärt sein. Zum Beispiel ist es möglich, dass ein Paar verheiratet ist, die Ehe aber vielleicht aus verschiedenen Gründen nicht hat formal registrieren lassen. Ich weiß, dass in Kolumbien verheiratete Paare in Indio-Siedlungen ihre Ehe oft erst Jahre später beim Staat registrieren lassen. Es wäre absurd zu behaupten, dass all diese Paare in den Indio-Dörfern so lange unerlaubt zusammenleben würden, bis sie ihre Ehen staatlich registrieren lassen. Ich gehe davon aus, dass Paare in solchen Gemeinschaften vor Gott in einer Ehe vereinigt sind, wenn sie in ihren Dörfern auf ihre traditionelle Art als Ehemann und Ehefrau anerkannt sind. Es gibt andere, oft sehr komplexe Ausnahmesituationen, die geklärt werden müssen.

Klar

Klar ist, dass Sex zwischen Paaren vor diesem „Zeitpunkt der Eheschließung" verkehrt ist. Es ist falsch, wenn sich ein Single regelmäßig oder gelegentlich sexuell betätigt. Wenn ein Paar zusammenlebt und ernsthaft die Hochzeit in einer Woche oder in ein paar Monaten plant, ist es immer noch nicht verheiratet. Sex *vor* der Hochzeit ist Sex *außerhalb* der Ehe und deshalb verkehrt. Dieses Prinzip ist klar.

Euren „Zeitpunkt der Hochzeit" wählen – die Ehe in zwei Schritten

Manche Leute sehen das freie Zusammenleben und die Ehe als gleichwertige *Formen einer Beziehung* an. Aber das feste Bündnis, das immer zu einer Ehe gehört, stellt Ehe und Zusammenleben in unterschiedliche Kategorien. Ehe und Zusammenleben sind nicht in ihrer Form, sondern in ihrem *Wesen* unterschiedlich. Mit dem „Zeitpunkt der Eheschließung" vereinigt Gott das Paar zu einer neuen Einheit – nicht davor und nicht danach. Aber die Hochzeit selbst, die Zeremonie der Eheschließung, kann in vielen verschiedenen Formen stattfinden.

Die geschichtliche Entwicklung hat in verschiedenen Kulturen und Ländern verschiedene Typen von Hochzeitszeremonien hervorgebracht. Interessanterweise gibt es in den meisten Kulturen einen „definierten Zeitpunkt", ab dem ein Mann und eine Frau als Ehemann und Ehefrau anerkannt sind. Die meisten westlichen Kulturen bieten die Möglichkeit einer zivilen und religiösen (kirchlichen) Hochzeit an. Ein Paar, das heiraten will, muss gewöhnlich zuerst legal bei einem Notar oder einer staatlichen Behörde heiraten. Ein paar Stunden, Tage oder sogar Wochen später können sie, sofern sie das wollen, eine religiöse Hochzeit in einer Kirche oder an einem anderen Ort feiern. Weil bei uns die Kirche nicht die Lizenz besitzt, Paare offiziell zu trauen, haben wir diese seltsame Eheschließung „in zwei Schritten". Diese

„Zwei-Schritte-Hochzeit" wirft einige interessante Fragen auf:

1. Woher kommt diese „Zwei-Schritte-Heirat"?
In biblischen Zeiten gab es viele verschiedene Hochzeitstraditionen. Juden, Römer, Griechen und Ägypter hatten alle ihre eigenen Traditionen, Methoden oder *Formen*, um ein Paar in der Ehe zu vereinigen. Die Regierungen zu diesen Zeiten erlaubten den Paaren, eine *Eheform* zu wählen, die von der jeweiligen Kultur abhing. Hochzeiten in biblischen Zeiten waren soziale Ereignisse. Vor ungefähr 1000 Jahren nutzte die römisch-katholische Kirche ihre Macht und ihren Einfluss auf säkulare Regierungen in Europa und bestand darauf, dass alle Geburten, Hochzeiten und Todesfälle von der Kirche registriert wurden. Zu dieser Zeit wurde es auch für jeden verpflichtend, in einem Kirchengebäude unter der Leitung eines Priesters zu heiraten.

Das hielt sich bis in die Zeit der Französischen Revolution (1789–1799). In dieser Zeit wollte Napoleon Bonaparte die Macht der Kirche schwächen und die Macht des säkularen Staates stärken. Daher entzog er den Kirchen die Genehmigung, Paare zu trauen und Geburten, Todesfälle und Eheschließungen

zu registrieren, und übergab diese Vollmacht dem Staat. Seit dieser Zeit haben wir in einer ganzen Anzahl europäischer Staaten diese „Heirat in zwei Schritten". Deshalb müssen Paare heute zuerst legal durch den Staat verheiratet werden und können danach, wenn sie es wünschen, noch eine religiöse Zeremonie feiern.

In Großbritannien ist bei der kirchlichen Hochzeit ein Regierungsbeamter mit dabei, oder der Priester, Pastor oder eine andere Person dieser Glaubensgemeinschaft hat die Lizenz, Eheschließungen im Namen des Staates zu registrieren. In Großbritannien genießt man daher den Vorzug einer Heirat in nur einem Schritt. In den meisten lateinamerikanischen Ländern war der römisch-katholische Glaube über viele Jahre die offizielle Religion. Daher war die Hochzeit in der Kirche die offizielle Hochzeit. Notare hatten aber die Genehmigung, auch nicht-katholische Menschen zu trauen. Christen in diesen Ländern, die nicht römisch-katholisch sind, erfahren in dieser Situation ebenfalls die „Hochzeit in zwei Schritten".

2. Ab wann ist ein Paar tatsächlich verheiratet?
Wird ein Paar durch die Trauung auf dem Standesamt zum Ehepaar oder erst durch die kirchliche Trauzeremonie ein paar Stunden, Tage oder sogar Wochen später? Das ist eine sehr wichtige Frage. Natürlich ist es gut, Gottes Segen für eure eheliche Vereinigung zu erbitten. Aber Nicht-Christen, die nur auf dem Standesamt heiraten, sind genauso

verheiratet wie Christen. Christliche Paare sind nicht *mehr* oder stärker verheiratet als säkulare Paare. In der Bibel finden wir nirgends irgendwelche Anweisungen an Christen, dass sie in einer Kirche heiraten müssten. Wir müssen also sorgfältig zwischen christlichen Traditionen und Gottes Offenbarung unterscheiden. Nur Letztere hat Autorität. Die Ehe ist Gottes Geschenk an die gesamte Menschheit, nicht nur an die Gemeinde.

Es sei denn, eine Regierung erkennt auch kirchliche Hochzeiten an, ist ein Paar nur dann *legal verheiratet*, wenn es die Heiratsurkunde bei einer staatlichen Behörde unterschrieben hat. In manchen Ländern, wie in den Niederlanden oder Deutschland, ist es für eine Kirche oder eine religiöse Gemeinschaft illegal, ein Paar als verheiratet zu erklären, bevor der Staat dies getan hat. Erst nach dem Besuch bei einem Notar oder einer staatlichen Behörde ist ein Paar vor dem Gesetz verheiratet.

Aber in der Praxis *entscheiden* sich die meisten christlichen Paare dafür, sich erst dann als verheiratet anzusehen, nachdem sie in einer christlichen Zeremonie ihre Eheversprechen voreinander ausgesprochen haben – in der Gegenwart Gottes und vor Freunden und Verwandten. Das ist ihre persönliche Entscheidung. Und ich halte das für eine gute Entscheidung. Aber ein christliches Paar kann auch beschließen, sich ab dem Moment als verheiratet anzusehen, in dem es die Heiratsurkunde auf dem Standesamt unterschrieben hat. In den Augen

Gottes sind die beiden dann verheiratet, genauso wie säkulare Paare. Die „Zwei-Schritte-Heirat" hat leider zu einer künstlichen Unsicherheit in Bezug auf den genauen Moment des Beginns einer Ehe geführt. Diese Unsicherheit kann aber leicht ausgeräumt werden, wenn das Paar deutlich und öffentlich erklärt, was nach ihrer Wahl ihr „Moment der Heirat" ist. Ich bin sicher, dass Gott zu der Entscheidung des Paares stehen wird.

3. Welche Funktion hat die kirchliche Zeremonie?
Wenn man in einem Land lebt, in dem der Staat eine rein kirchliche Trauung anerkennt, dann ist die christliche Zeremonie oder das Ereignis in der Kirche entscheidend, um ein Paar zu verheiraten. Wenn man in einem Land lebt, in dem auch Christen zuerst eine Heiratsurkunde bei einer staatlichen Behörde unterschreiben müssen, dann kann die christliche Zeremonie oder kirchliche Trauung anschließend dazu dienen, den Beginn dieser Eheverbindung zu markieren. In diesem Moment, in der Gegenwart Gottes und von Zeugen, tritt das Paar in einen Ehe-Bund ein. Gott macht sie zu einem Fleisch. Sie werden Ehemann und Ehefrau. Sie haben für sich eine „Schutzzone" geschaffen und haben nun die Freiheit, zusammenzuleben und ihre Vereinigung zu genießen.

Aber wenn sich ein Paar dafür entschieden hat, sich von dem Moment der Unterschrift auf dem Standesamt als verheiratet anzusehen, dann wird dieses Paar *als ein schon verheiratetes Paar* zur christlichen Zeremonie oder kirchlichen Trauung erscheinen. Diese kann einige Tage, Wochen oder sogar Monate nach ihrer legalen oder bürgerlichen Eheschließung stattfinden. Die Funktion der christlichen Zeremonie oder kirchlichen Trauung ist in diesem Fall nicht, sie zu verheiraten, sondern Gottes Segen über ihre Ehe zu erbitten und ihre Eheverbindung gemeinsam zu feiern. Etwas in der Einladung sollte das deutlich machen.

Wie werden sich diese beiden kirchlichen Zeremonien unterscheiden? Vielleicht nicht so sehr in der Form und im „Gefühl". Beides werden freudige und feierliche Momente sein. Bei beiden wird es vermutlich Lieder, Ansprachen, Gebete und vielleicht sogar feierliche Versprechen geben. Aber im ersten Fall wird deutlich werden, dass ein Paar verheiratet werden soll. Im zweiten Fall wird es klar sein, dass die Verbindung eines bereits verheirateten Paares gesegnet werden soll.

Denkt daran, dass nichts Komisches oder Verkehrtes dabei ist, sein Eheversprechen zu wiederholen. Bei Ehe-Seminaren veranstalten wir manchmal eine gemeinsame Hochzeitsfeier, bei der alle anwesenden Ehepaare aufgefordert werden, in der Gegenwart Gottes und aller Teilnehmer ihre Eheversprechen vor Gott und voreinander zu erneuern. Manche Ehepaare sind dabei seit fünf Jahren verheiratet, andere seit 30 oder 40 Jahren. Das öffentliche Wiederholen ihres Eheversprechens stärkt ihre Einheit und ihre gegenseitige Hingabe. Aber es ist für alle klar, dass wir dabei *niemanden* verheiraten. Es wäre nicht angemessen, nach diesen Versprechen zu sagen: „Jetzt erkennen wir euch als Ehemann und Ehefrau an." Wir bestärken und feiern nur Ehen, die bereits bestehen, und erbitten Gottes Segen für sie. Das ist vergleichbar mit dem, was bei einer kirchlichen Trauung geschieht, wenn sich zwei Brautleute dafür entschieden haben, dass die Unterschrift auf dem Standesamt ihr „Hochzeits-Moment" ist.

Egal, für welche Form der Hochzeitsfeier ihr euch entscheidet, jede Ehe hat ihren bestimmten „Zeitpunkt der Eheschließung". Bei jeder Art von Hochzeitsfeier gibt es einen bestimmten Moment, von dem ab ein Mann und eine Frau vor Gott und vor der Gesellschaft als Ehemann und Ehefrau angesehen werden. Von diesem Zeitpunkt an sprechen wir nicht mehr länger von einem Zusammenleben, sondern von einer Ehe. Sexuelle Intimität vor diesem „Zeitpunkt der Heirat" widerspricht Gottes Willen für eure Beziehung. Sexuelle Intimität nach diesem „Hochzeits-Moment" wird vom Schöpfer gut genannt und gesegnet.

Zusammenleben ist eine private Angelegenheit – die Gemeinde sollte nicht darüber urteilen.

Manche sind der Meinung, dass das christliche Leben eine rein private Angelegenheit sei und dass kein Christ die Berechtigung dazu habe, die anderen zu beurteilen. Schließlich hat doch Jesus selbst gesagt: „Richtet nicht, damit ihr nicht gerichtet werdet" (Mt 7,1). Ist nicht jeder Christ für sein eigenes Leben verantwortlich?

Als der Herr Jesus seine Jünger lehrte, nicht zu richten, wollte er sie jedoch nicht dazu auffordern, sich nur „um ihre eigenen Angelegenheiten zu kümmern". Er wollte vielmehr ihre innere Einstellung korrigieren bei ihrem Versuch, anderen zu helfen oder sie zu unterweisen. Direkt nach der Aufforderung an seine Jünger, nicht zu richten, erklärte er ihnen, wie sie einem Bruder helfen sollten, der sie verletzt oder beleidigt hatte. Er sagte ihnen: „Was aber siehst du den Splitter, der in deines Bruders Auge ist, den Balken aber in deinem Auge nimmst du nicht wahr? Oder wie wirst du zu deinem Bruder sagen: Erlaube, ich will den Splitter aus deinem Auge ziehen; und siehe, der Balken ist in deinem Auge? Heuchler, zieh zuerst den Balken aus deinem Auge! Und dann wirst du klar sehen, um den Splitter aus deines Bruders Auge zu ziehen" (Mt 7,3-5).

Ein Splitter im Auge ist keine Kleinigkeit! Ihn herauszuziehen kann schmerzhaft sein, es kann einige Zeit dauern, aber es ist auf jeden Fall *etwas Positives*. Es ist ein freundlicher und liebevoller Akt. Es wird dem Auge und dem ganzen Körper guttun. Einen Splitter zu ignorieren wäre lieblos. Christliche Gemeinschaften sollten Paare nicht ignorieren, die sexuelle Intimität außerhalb der Ehe pflegen. Sie sollten nicht erlauben, dass freies Zusammenleben zu einer akzeptablen Form der vorehelichen Beziehungen wird. Es ist ein Akt der Freundlichkeit, solche Paare zur Buße aufzufordern. Wir sollen und können ihre Motive nicht beurteilen (1Kor 4,5), sondern nur ihr sichtbares Verhalten (1Kor 5,12). Das Ziel ist dabei nicht, sie zu verurteilen und zu verdammen, sondern zu heilen; nicht das Auge herauszureißen, sondern den Splitter zu entfernen und dem Auge Heilung und ein normales Funktionieren zu ermöglichen, zum Wohl des Auges und des ganzen Körpers.

Ihr wohnt erst seit Kurzem zusammen?

Vielleicht lebt ihr zusammen und plant, zu heiraten – eventuell schon bald. Vielleicht habt ihr euch entschieden zusammenzuziehen und wusstet nicht, dass das nicht Gottes Weg ist. Vielleicht dachtet ihr, dass es ja nicht so schlimm sei, und habt es deshalb getan. Zu Buße und Umkehr gehört, mit Gottes Gedanken einverstanden zu sein. Ihr habt bisher in diesem Buch gelesen, dass sexuelle Intimität von Gott *nur* im Kontext eines Ehe-Bundes zwischen einem Mann und einer Frau anerkannt und gesegnet wird. Deshalb erkennt bitte vor Gott an, dass ihr es verkehrt angefangen habt. Wie jede andere Sünde kann auch das voreheliche Zusammenleben vergeben werden.

Der Apostel ermahnte die Gläubigen in Kolossä ernsthaft: „Tötet nun eure Glieder, die auf der

Erde sind: Unzucht, Unreinheit, Leidenschaft, böse Begierde und Habsucht, die Götzendienst ist!“ (Kol 3,5). Töten meint hier: „Buße tun und damit aufhören!“ Wir können unserem himmlischen Vater wieder gefallen, indem wir anerkennen, dass er recht hat und wir nicht. Dazu ist es nötig, unser falsches Tun anzuerkennen und unsere Sünden zu bekennen. Bei echter Reue wird sich unser Verhalten ändern, wir werden uns von sündigen Praktiken abwenden, „wie es Heiligen geziemt“ (Eph 5,3).

Wenn es irgendwie möglich ist, würde ich euch dringend raten, euch räumlich zu trennen, in verschiedenen Häusern zu wohnen und erst nach eurer Hochzeit wieder zusammenzuziehen. Nutzt diese Zeit produktiv, um nachzudenken, um eure Überzeugungen zu vertiefen, um näher zum Herrn hin zu wachsen. Manchmal gibt es Paare, bei denen einer von den beiden das Zusammenleben nicht als verkehrt ansieht oder einfach nicht gewillt ist, seinen/ihren Lebensstil ernsthaft zu korrigieren. Eine Korrektur ist dann immer noch nötig, wird aber für beide schmerzhafter sein. Wir stehen als Einzelne vor Gott. Als Individuum wird jeder von uns Gott Rechenschaft geben müssen über sein Tun und seine Entscheidungen in Bezug auf seinen Lebensstil (2Kor 5,10). Jawohl, Gehorsam in diesen Bereichen kann durchaus unangenehm sein, demütigend oder verwirrend, aber all das ist es definitiv wert. Gehorsam gegenüber Gott wird eure Ehe stärken. Gehorsam macht es möglich, dass Gottes Segen fließen kann!

Ihr lebt schon länger zusammen?

Es gibt eine große Bandbreite von Situationen, die zu einem Zusammenleben geführt haben. Vielleicht bist du erst vor Kurzem Christ geworden und versuchst jetzt, „dein Leben so zu organisieren", dass es dem Herrn gefällt. Wenn ihr schon seit vielen Jahren zusammenlebt, fällt eine Antwort auf die Frage „Wie sieht Gott meine momentane Situation?" nicht immer leicht. Ihr habt noch nicht offiziell geheiratet, habt aber vielleicht doch schon gewisse Verpflichtungen ähnlich wie Verheiratete. Ihr seid nicht frei, diese Beziehung einfach fallen zu lassen und euch neue Partner zu suchen. Beginnt am besten damit anzuerkennen, dass ihr, bewusst oder unbewusst, sozusagen durch die falsche Tür in diese Beziehung eingetreten seid. Bekennt dies vor dem Herrn und sucht seine Vergebung. Und arbeitet darauf hin, eure Beziehung durch eine Heirat zu „formalisieren" – je eher, desto besser.

Ihr fragt euch jetzt vielleicht: Wie könnte unser nächster Schritt aussehen? Nach dem Anerkennen und dem Bekenntnis der Sünde können, abhängig von eurer Situation, die praktischen Schritte in Richtung Hochzeit sehr unterschiedlich sein. Manche Paare entscheiden sich dafür, sich für einige Wochen oder Monate zu trennen, ihre Hochzeit zu organisieren und dann wieder zusammenzuziehen. Andere Paare beschließen, in getrennten Betten zu schlafen und bis zu ihrem Hochzeitstag auf Geschlechtsverkehr zu verzichten.

Vielleicht könnt ihr euch auch eine andere praktische und doch radikale Lösung ausdenken. Oder noch besser: Bittet Gott, euch gute Ideen zu geben und euch zu leiten. Macht nicht einfach blind das nach, was andere getan haben. Euer tiefer Wunsch ist doch, Gott mit eurem Leben zu verherrlichen. Ich bin überzeugt, dass der Heilige Geist, der in euch lebt, euch irgendwie einen Hinweis geben kann, wie euer nächster Schritt aussehen soll. Ihr müsst dazu bereit sein, zu gehorchen, bereit, den notwendigen Preis zu zahlen, und willig, dem Drängen des Heiligen Geistes zu folgen. „Wenn wir durch den Geist leben, so lasst uns durch den Geist wandeln!" (Gal 5,25). Seid mutig und unternehmt etwas, um euer Leben zu korrigieren!

Ein Beispiel, das Mut macht

Vic und Malu lebten bereits zusammen, als sie Christen wurden. Als sie ihren Wunsch äußerten, getauft zu werden, nutzten wir diese Gelegenheit dazu, sie in ihrer Wohnung zu besuchen. Wir sprachen mit ihnen darüber, was die Bibel über die Bekehrung lehrt, über die Herrschaft von Christus im Leben der Gläubigen und auch über die Ehe. Ihnen wurde bewusst, dass ihr Zusammenleben nicht Gottes Weg war. Was sollten sie jetzt tun? Wir ermutigten sie, darüber zu beten und die Führung des Geistes zu suchen. Am Tag seiner Taufe bat Vic, vor der versammelten Gemeinde-Familie – ungefähr 300 Zeugen – einen Brief vorzulesen. Wir stimmten zu. Hier ist sein Brief:

Meine lieben Brüder und Schwestern,

heute werde ich getauft. Danke, dass ihr diesen besonderen Augenblick mit mir zusammen erleben wollt. Bevor ich jetzt den Segen Gottes empfange, möchte ich euch noch etwas mitteilen: Wie einige von euch schon wissen, planen Malu und ich, in vier Monaten zu heiraten. Wir freuen uns wirklich auf diesen ganz besonderen Tag. Die Wahrheit ist aber, dass Malu und ich bereits zusammengelebt haben – wir haben unsere Beziehung anders angefangen, als Gott es für uns vorgesehen hatte. Sexualität und Ehe gehören zusammen, aber wir haben uns egoistisch dafür entschieden, unsere sexuelle Befriedigung vor der dafür bestimmten Zeit zu erleben. Wir wissen jetzt, dass diese Entscheidung nicht richtig war.

Wir planen, bald zu heiraten. Wir möchten allen jungen Leuten in der Gemeinde sagen: „Gebt eurem sexuellen Drängen nicht nach ... Viele machen den gleichen Fehler wie wir. Viele sind dadurch am Ende allein, unglücklich und lassen ein Stück von sich selbst zurück. Lernt aus unserem Fehler, denn nicht jede Geschichte hat auch ein Happy End." Vor zwei Monaten hat uns der Herr zu der Überzeugung geführt, dass unser Zusammenleben verkehrt war. Zu diesem Zeitpunkt haben Malu und ich uns feierlich versprochen, bis zu unserem Hochzeitstag keinen Sex mehr miteinander zu haben und getrennt zu schlafen. Wir glauben, dass Gott uns vergeben hat, und wir freuen uns auf unsere Hochzeit: eine Hochzeit mit dem Herrn in unseren Herzen und in unserem Leben. Eine Hochzeit, bei der aus zwei Liebenden einer wird. Brüder und Schwestern, bitte betet für uns.

Was für ein klares Zeugnis von dem, was Gott im Leben dieser jungen Christen getan hatte! Ihre Worte sendeten eine sehr starke und positive Botschaft an die ganze Gemeinde. Das ist allerdings kein Modell für alle Situationen. Wenn ihr zurzeit zusammenlebt, wird der Herr euch führen, damit ihr die Dinge auf eine andere radikale Weise richtig machen könnt. Was ich an ihrem Zeugnis so gut finde, ist die deutliche Anerkennung der Fehler und die praktischen Schritte der beiden, um es anschließend richtig zu machen.

Gott oder dem Staat gehorchen?

Die römisch-katholische Kirche hat zivile Ehen nie anerkannt. Sie hat Napoleon einfach ignoriert und die Ehe weiterhin als ein Sakrament betrachtet, das nur ein römisch-katholischer Priester spenden konnte! Die meisten anderen nicht-katholischen christlichen Gemeinschaften haben, historisch gesehen, zivile Ehen als gültige Ehen angesehen. Es gibt einige eindeutige Bibelstellen, die uns Christen auffordern, uns den regierenden Autoritäten unterzuordnen (Röm 13,1.5). Bis vor ungefähr einem halben Jahrhundert stimmte die Gesetzgebung vieler Länder im Wesentlichen mit der Heiligen Schrift überein.

Aber heute ändert sich die Situation rapide. Jetzt erlauben Staaten Scheidungen und Wiederheirat unter Umständen, die die Bibel nicht gutheißt. Verschiedene Staaten haben die Ehe von gleichgeschlechtlichen Paaren eingeführt. Manchmal verhindert auch ein Staat eine Ehe, die die Bibel nicht verbieten würde. Aber auch wenn eine Regierung eine verkehrte Praxis für gut und legal erklärt, bleibt sie immer noch verkehrt. Christliche Gemeinden, die heutzutage der Bibel treu bleiben wollen, werden die Klarheit und den Mut der frühen Apostel brauchen. Diese antworteten in einer Situation, in der sie gezwungen waren, sich zwischen Gott und dem Staat zu entscheiden: „Ob es vor Gott recht ist, auf euch mehr zu hören als auf Gott, urteilt ihr!“ (Apg 4,19). Es wird besondere Situationen geben, in denen der Staat sagt: „Dieses Paar ist verheiratet“, während die Gemeinde sagen muss: „Nein, die beiden sind nicht verheiratet“ – und manchmal auch umgekehrt.

Es kann kompliziert sein! Die Gemeinde ist da, um dir zu helfen

Das Leben in einer gefallenen Welt kann manchmal sehr komplex sein. Für die meisten Paare sind die biblischen Leitlinien, die wir zusammen erkundet haben, relativ klar. Was auf jeden Fall nötig ist, ist eine demütige Unterordnung unter Gottes offenbarten Willen. Aber wir Menschen haben dafür gesorgt, dass es manchmal sehr schwer sein kann herauszufinden, wie man die von Gott offenbarten Regeln und Prinzipien richtig anwendet. In solchen Situationen empfehle ich, Hilfe und Anleitung bei reifen, in der Bibel gegründeten und erfahrenen Leitern deiner örtlichen Gemeinde zu suchen. Die folgenden Beispiele aus dem realen Leben sollen deutlich machen, woran ich dabei denke:

- Ein ungläubiger Partner: Eine Frau kommt zum Glauben, nachdem sie über 25 Jahre mit ihrem Partner zusammengelebt hat. Sie hat zusammen mit ihrem Partner drei schon erwachsene Kinder. Er ist kein Christ, aber er liebt sie und die Kinder. Sie liebt ihn und möchte ihn heiraten. Er fühlt sich ihrer Beziehung unbedingt verpflichtet, aber aus irgendeinem persönlichen Grund lehnt er es ab, formal zu heiraten. Ist dieses Paar in Gottes Augen schon verheiratet, obwohl die beiden ihre Ehe nie formal registrieren ließen? Wie können wir als Gemeinde in dieser Situation helfen?

- Überzogen hoher Brautpreis: Ein afrikanisches christliches Paar, Mitte 20, liebt sich und möchte gern heiraten. Aber die Familie der Frau fordert einen so hohen Brautpreis, dass der Mann arbeiten müsste, bis er über 40 ist, um genug Geld aufzubringen. Sollten Christen mit solchen Traditionen brechen? Wie könnten wir als Gemeinde in dieser Situation helfen?

- Schwierigkeiten mit den Dokumenten: Um legal heiraten zu können, sind normalerweise gewisse persönliche Dokumente erforderlich. Manchmal ist es praktisch unmöglich, eins der geforderten Dokumente zu bekommen – zum Beispiel, wenn das zuständige staatliche Büro in einem Kriegsgebiet liegt oder abgebrannt ist. Manchmal möchte jemand heiraten, aber durch ineffektive Bürokratie, hohe Kosten oder andere technische Gründe dauert es mehrere Jahre, an die notwendigen Dokumente heranzukommen. Wie könnten wir als Gemeinde in solchen Situationen helfen?

- Gesetzliche Hinderungsgründe: Einem illegalen Einwanderer aus Russland könnte zum Beispiel bei uns die Erlaubnis verweigert werden, eine deutsche Frau zu heiraten. Aber die Bibel verbietet keine Heirat zwischen einem Russen und einer Deutschen. Wie könnten wir als Gemeinde in dieser Situation helfen?

Wenn eure Situation einfach ist, dann macht sie nicht unnötig kompliziert. Seid geduldig. Gehorcht demütig Gottes guten und weisen Anweisungen. Wenn ihr euch allerdings in einer relativ komplizierten Situation befindet, rate ich euch, dass ihr nicht versucht, sie allein zu lösen. Sucht nach Hilfe und Unterstützung von weisen und erfahrenen Christen. Denn schließlich sind die Gemeindeleiter aufgerufen, zu „wachen über eure Seelen, als solche, die Rechenschaft geben werden" (Hebr 13,17).

Ich bin überzeugt, dass Gott einem Gläubigen mit demütigem und zur Buße bereitem Herzen immer einen Ausweg zeigen wird. Es gibt keine unmöglichen Situationen, in denen ein Christ weiter in Sünde leben muss. Ich bin sicher, dass der Herr in einer Atmosphäre der Offenheit, des Vertrauens, der Vergebung, der Geduld und der Gnade euch und die Leiter eurer örtlichen Gemeinde führen wird, sodass ihr einen guten Weg findet. Komplexe Situationen machen manchmal einzigartige und unkonventionelle Lösungen der Gnade erforderlich, aber er wird einen Weg zeigen, und die Gemeinde ist dazu da, euch zu helfen, ihn auch zu finden!

Öffentliches Bekenntnis? Gemeindezucht?

Muss Sünde öffentlich vor der Gemeinde bekannt werden? Sollten die Sünden der vorehelichen sexuellen Intimität und des Zusammenlebens Gründe für die Gemeinde sein, irgendeine Form von disziplinarischen Maßnahmen einzuleiten?

Du hast sicher schon bemerkt, dass die diesbezüglichen Überzeugungen und Gewohnheiten in verschiedenen christlichen Konfessionen ganz unterschiedlich sind. Mein Verständnis der biblischen Schriften führt mich zu dem Schluss, dass die Ortsgemeinde aufgefordert ist, sich von solchen Menschen zu distanzieren, die sich selbst als Christen bezeichnen, aber bewusst weiter einen sündigen Lebensstil leben wollen (1Kor 5,9-11). Solche Leute sollten vom Schutz und von den Privilegien des christlichen Gemeinschaftslebens ausgeschlossen werden. Außerdem sollten sie aufgefordert werden, nicht mehr am Mahl des Herrn teilzunehmen.

Wenn dagegen ein Paar die Sündhaftigkeit seines Lebensstils anerkannt und dem Herrn diese Sünde bekannt hat sowie alles in seiner Macht Stehende unternimmt, um die Dinge wieder ins Lot zu bringen, dann sollte die Gemeinde die beiden mit Liebe und Gnade überschütten und ihnen so viel Unterstützung wie nur möglich gewähren. Wie der Vater des verlorenen Sohns freuen auch wir uns, wenn ein/e Mitgläubige/r den Irrtum seines oder ihres Wegs erkannt hat und nach Hause zurückkommt.

Öffentliches Bekenntnis

Gottes Versprechen für jeden Christen, der Buße tut, ist klar: „Wenn wir unsere Sünden bekennen, ist er treu und gerecht, dass er uns die Sünden vergibt und uns reinigt von jeder Ungerechtigkeit“ (1Jo 1,9). Wem aber müssen wir unsere Sünden bekennen? Wenn wir sündigen, beleidigen wir immer Gott. Wenn wir Buße tun, sollten wir also immer ihm unsere Sünden bekennen und dann seine väterliche Vergebung erfahren. Aber manchmal beeinträchtigen unsere Sünden auch andere Menschen. Als der verlorene Sohn sündigte, sündigte er gegen Gott und seinen Vater. Bußfertig bekannte er: „Vater, ich habe gesündigt gegen den Himmel und vor dir“ (Lk 15,21). Wir sollten sowohl Gott unsere Sünden bekennen als auch denjenigen Menschen, die von ihnen betroffen sind.

Ein öffentliches Bekenntnis vor der gesamten Gemeinde ist nur dann notwendig, wenn diese Sünde die ganze Gemeinde verletzt oder betroffen hat. Dieses Prinzip, dass Probleme im kleinstmöglichen Kreis gelöst werden sollten, wird bekräftigt durch die Anweisungen des Herrn Jesus, wie man mit jemandem umgehen soll, der gegen einen selbst gesündigt hat. Wenn der Schuldige auch nach mehreren Versuchen nicht bereit zur Buße ist, dann kann es nötig werden, die ganze Gemeinde miteinzubeziehen – aber das erst als letzte Maßnahme in extremen Situationen (Mt 18,15-17). Ein heiliges Leben ist wichtig, aber ich bin überzeugt, dass *Furcht* und *Scham* sehr schlechte Werkzeuge sind, um das heilige Leben in der Gemeinde zu stärken. Zur Förderung eines geheiligtes Leben halte ich es für weitaus geeigneter, die *Umwandlung unseres Denkens* anzustreben durch gute, ausgewogene biblische Lehre, wachsende Liebe zum Herrn Jesus und Hingabe an ihn. Wir wollen alle Gläubigen immer wieder daran erinnern, wie wunderbar Jesus ist, und eine Atmosphäre der Gnade und Vergebung schaffen – in der der Heilige Geist in jedem Gläubigen seine Früchte hervorbringen kann (Röm 12,1-2; Hebr 12,1-2; Gal 5,22-23).

Was ist der Sinn von Gemeindezucht?
Ordnung und Disziplin sind notwendig, wenn wir gesunde Familien und Gemeinden haben wollen. Die verschiedenen Formen der Gemeindezucht wurden *nicht* dazu gegeben, um widerspenstige Gläubige zu *bestrafen*. Am Kreuz hat Christus unsere Strafe bereits getragen. Unsere Sünden brauchen nicht doppelt bestraft zu werden. Das Opfer von Christus genügt. Die verschiedenen Formen der Gemeindezucht wurden uns *nicht* gegeben, um zu *strafen*, sondern (a) um den Verursachern zu helfen, über den Ernst ihrer Sünde nachzudenken; (b) um den Sünder dahin zu bringen, seine oder ihre Sünde anzuerkennen und Buße zu tun; (c) um die Schuldigen davor zu schützen, auf unwürdige Weise am Gemeindeleben teilzunehmen; und (d) um die Gemeinschaft vor böser Lehre oder vor einem schlechten Vorbild zu schützen, in dem Bewusstsein, „dass ein wenig Sauerteig den ganzen Teig durchsäuert“ (1Kor 5,6).

Wenn ein/e Gläubige/r seine oder ihre Sünde demütig anerkannt und bekannt hat, bin ich der Meinung, dass Gemeindezucht nicht länger notwendig oder anwendbar ist. Aber einige Einschränkungen im Hinblick auf seinen/ihren Dienst können angebracht sein, damit er/sie dadurch Zeit hat, in der Stabilität zu wachsen, und damit das gegenseitige Vertrauen wiederhergestellt werden kann.

SCHLUSS

Sexuelle Intimität ist ein wunderschönes Geschenkpaket, das nach Gottes Willen *ausschließlich* nach der Hochzeit genossen werden soll. In der Bibel wird uns die Ehe als ein *Bund* präsentiert – die stärkste Form einer Vereinbarung oder Verpflichtung zwischen zwei Parteien. Bundesschlüsse beinhalten immer einen Inhalt, gegenseitige feierliche Versprechen (Eide) und einen eindeutigen Beginn. Bundesschlüsse helfen dabei, Stabilität und Sicherheit in Beziehungen und Gesellschaften zu bringen. Der Bund der Ehe schafft eine „Schutzzone“ für Liebe, Sex und das Aufziehen von Kindern.

In der Bibel wird allgemein vorausgesetzt, dass beide Partner Jungfrauen bleiben bis zum „Zeitpunkt der Hochzeit“, an dem der Ehe-Bund in Kraft tritt, an dem Gott die beiden zu einer Einheit macht und an dem sich das Besitzrecht über ihre Körper von „mein“ zu „unser“ verändert. Das geschieht während einer kirchlichen Trauung oder einer anderen in der jeweiligen Kultur akzeptierten Zeremonie – in den Ländern, in denen der Staat die Hochzeiten anerkennt. In Ländern, in denen eine Hochzeit „in zwei Schritten“ existiert, werden christliche Paare zuerst legal heiraten, indem sie eine Heiratsurkunde auf dem Standesamt unterschreiben, und dann, wenn sie es wünschen, noch eine christliche Zeremonie oder Feier haben. Ihr persönlicher „Hochzeits-Moment“ wird entweder auf dem Standesamt stattfinden oder bei der kirchlichen Trauung. Das ist ihre Entscheidung. Jede sexuelle Aktivität *vor* diesem „Zeitpunkt der Hochzeit“ ist damit *Sex außerhalb* einer Ehe – und daher verkehrt.

Wenn ihr überlegt, als Paar schon vor der Hochzeit zusammenzuziehen, tut es bitte nicht! Gott hat etwas viel Besseres für euch im Sinn. Beginnt mit einem guten Start! Wenn ihr schon zusammenwohnt, macht euch klar, dass ihr auf der verkehrten Spur unterwegs seid. Erkennt an, dass ihr falsch handelt, sucht Gottes Vergebung und kommt so bald wie möglich wieder auf die richtige Spur zurück. Wenn eure Situation kompliziert ist, sucht euch Hilfe in eurer örtlichen Gemeinde. Wenn ihr dem Herrn ehrlich gefallen wollt, wird er euch einen guten Weg zeigen und euch die Kraft dazu geben, ihn auch zu gehen.

Die „Schutzzone“ der Ehe wurde von Gott zur Freude und zum Nutzen von uns Menschen geschaffen. Der Ehe-Bund ist kein Spaßverderber, sondern verstärkt und schützt die Freude vielmehr. Vertraue Gott. Sei geduldig, beherrsche dich selbst, sei ein radikaler Christ. Gehorsam gegenüber Gottes Plänen führt immer zum Segen!